지브라와 유니콘
기업의 경제, 사회, 지역 가치

이 저서는 2024년 대한민국 교육부와 한국연구재단의 지원을 받아 수행된 연구임 (NRF-2024S1A5C2A02046448).

지브라와 유니콘

기업의 경제, 사회, 지역 가치

조희정·송인방·박상혁

THE POSSIBILITY LAB

| 목차 |

제1부 | 기업과 지역의 공생은 가능한가

제1장. 제3의 창업 시대: 제조업 → IT 벤처 → 로컬벤처 …11
제2장. 기업 가치 확장: 경제성 → 사회성 → 지역성 …25
제3장. 유니콘 기업이란 무엇인가 …33
제4장. 지브라 기업은 무엇인가 …41
제5장. 동물의 왕국 생태계 …53

제2부 | 로컬·지브라 기업과 실증사업

제6장. 지브라 연합 활동 …59
제7장. 로컬·지브라 실증사업 …67
제8장, 실증지역과 과제 …79

제3부 | 로컬 임팩트 구현 조건

제9장. 의견 수렴과 지역 과제 맵핑 …93
제10장. 주체별 역할과 관계 구조화 …109
제11장. E2C, 로컬 엑싯과 로컬 IPO …119
제12장. 다주체 소자본의 힘, 로컬 임팩트 펀드 …131
제13장. 로컬 임팩트 인덱스 …147
제14장. 순환자본주의와 지역 기본권 …155

제15장 결론: 지금, 지역창업을 다시 생각한다 …167

참고자료 …175

표 목차

⟨표 1-1⟩ 법령의 소셜벤처와 사회적 가치 정의 …16
⟨표 1-2⟩ 사회 최적 상태에 따른 사회문제 정의 …18
⟨표 1-3⟩ 창업 시대 분류와 핵심 가치 …22
⟨표 1-4⟩ 국가별 유니콘 기업 수 …35
⟨표 1-5⟩ 유니콘 기업의 기업 가치 Top 10 …38
⟨표 1-6⟩ 한국과 일본의 유니콘 현황 …39
⟨표 1-7⟩ 지브라 연합의 스타트업 생태계 비판 …43
⟨표 1-8⟩ 유니콘 기업과 지브라 기업의 부문별 차이 비교 …45
⟨표 2-1⟩ 일본 중소기업청의 창업 지원 사업 …68
⟨표 2-2⟩ 일본 정부의 로컬·지브라 기업 지원사업 추진과정(2022~2025년) …70
⟨표 2-3⟩ 로컬·지브라 실증사업 20개 지역 개요 …81
⟨표 3-1⟩ 지역의 다양한 주체 …97
⟨표 3-2⟩ 지역 경제 주체의 개념 …99
⟨표 3-3⟩ 9개 지자체의 로컬크리에이터 정의 현황(2024.01~2025.09) …100
⟨표 3-4⟩ 9개 지자체의 로컬벤처, 소셜벤처 정의 현황(2024.01~2025.09) …101
⟨표 3-5⟩ SDGs 지표의 지역 적용 버전 지표 …150
⟨표 3-6⟩ 로컬벤처 성과 측정법 …154
⟨표 3-7⟩ 구현 목표로서의 기본권 8+20 …164

그림 목차

〈그림 1-1〉 로컬벤처와 지역사회의 가치 …20
〈그림 1-2〉 하키 스틱 성장 모델 …26
〈그림 1-3〉 스타트업 성장과정에서 직면하는 세 종류의 위기 …27
〈그림 1-4〉 최초의 유니콘 기업(2013년, 39개) …34
〈그림 1-5〉 지브라 연합 …42
〈그림 1-6〉 지브라 연합의 핵심 가치 …47
〈그림 1-7〉 스타트업 생태계, 동물의 왕국 …56
〈그림 2-1〉 일본 Z&C …60
〈그림 2-2〉 Z&C의 비전 체계도 '변화 이론' …61
〈그림 2-3〉 로컬·지브라 기업 생태계 및 가치 창출 구조 …71
〈그림 2-4〉 지역실증사업 20개 지역 …80
〈그림 3-1〉 노토 지역에 청년이 남지 않는 이유 …102
〈그림 3-2〉 노토 지역 기업에 인재가 부족한 이유 …103
〈그림 3-3〉 노자와 온천 지역의 분야별 과제 …104
〈그림 3-4〉 육아세대 여성의 과제와 대응방안 …105
〈그림 3-5〉 시즈오카 차 산업의 위기 구조 …107
〈그림 3-6〉 미야코지마시 로컬·지브라 실증사업의 추진구조 …111
〈그림 3-7〉 토카치 지역의 인적 자원을 활용한 지역과제해결 비즈니스 …112
〈그림 3-8〉 다카하마쵸의 지역경영 활성화 구조 …113
〈그림 3-9〉 민관합자회사와 지역주체들의 관계 …114
〈그림 3-10〉 민관합자회사와 지역주체들의 관계 …115
〈그림 3-11〉 우라시마 빌리지의 11개 협업 회사 …124
〈그림 3-12〉 우라시마 프로젝트 개념도 …126
〈그림 3-13〉 지역사회에서 CDFI의 역할 …134
〈그림 3-14〉 PBⅡ 개념도 …135
〈그림 3-15〉 타리키 펀드 …136

〈그림 3-16〉 GLIN 임팩트 캐피탈 …137
〈그림 3-17〉 GLIN의 투자 지향 …138
〈그림 3-18〉 GLIN의 지원 내용 …139
〈그림 3-19〉 퓨처 벤처 캐피탈 …140
〈그림 3-20〉 KIBOW 사회투자 …140
〈그림 3-21〉 소하쓰노 쓰보미 펀드의 투자처 …142
〈그림 3-22〉 토카치 리제너레이티브 펀드의 운영구조 …143
〈그림 3-23〉 피셔맨 재팬 블루 펀드 운영 구조(미야기현 이시노마키시) …145
〈그림 3-24〉 '거리의 코인' 사업의 SDGs 기여도에 대한 자체 평가 …148
〈그림 3-25〉 우라시마 프로젝트의 SDGs 기여도에 대한 자체 평가 …149
〈그림 3-26〉 로컬벤처의 경제력과 지역력 성과지표 …153
〈그림 3-27〉 사업의 본질 …156
〈그림 3-28〉 에이제로가 제공하는 니시아와쿠라의 고향납세 답례품 항목 …157
〈그림 3-29〉 에이 제로 그룹의 순환경제 구조 …158
〈그림 3-30〉 굿굿의 순환형 축산 시스템 …159
〈그림 3-31〉 지역의 자원과 주체 순환 구조 …162

제1부

기업과 지역의 공생은 가능한가

기업의 궁극적인 목적은 고객을 만족시키고 사회적 가치를 창출하는 것이다.(피터 드러커)

제1장

제3의 창업 시대:
제조업 → IT 벤처 → 로컬벤처

1. 스타트업은 지속가능한가

2020년 무렵부터 진행된 창업 지원 및 투자의 명분은 '제2의 벤처 붐 구현'이었다. 그러나 2000년대 초반의 제1벤처 붐이 닷컴버블(.com bubble)로 사라진 것처럼 여전히 창업 생태계는 답보상태다.

원인은 여러 가지가 있을 것이다. 창업자는 지원이나 투자가 이루어지지 않아서라고 생각하지만, 투자자로서는 투자할 곳을 찾기 힘들다고 말한다. 정부는 어떤 식으로든 세금의 효과를 가시적으로 명확하게 보여줄 수 있는 곳을 찾는다. 작은 돈을 다수에게 지원하든 큰 돈을 소수에게 지원하든 그 효과는 '보여야' 한다.

그 구조 속에 오늘도 누군가는 열심히 창업 아이템을 생각하고 사업 계획서나 정부사업 지원서를 작성한다. 찾아야 할 정보도 많고 유튜브도 뒤적여본다. 보통 사전 시장조사가 꼼꼼하게 이루어지려면 2년 이상은 족히 걸린다. 하늘 아래 새로운 것은 없지만 조금이라도 독창적이어야 하고 조금이라도 이윤을 창출하는 가치사슬(value chain)을 만들지 못하면 성공하기 어렵다.

이렇게 시작하는 신생 기업, 창업 기업, 벤처 등을 스타트업(Startup)이라고 부른다. 생계형 창업과 구분되는 기회형 창업, 때로는 기술 창업을 지칭하기도 하지만 현장에서는 이래도 창업 저래도 창업하며 모든 시작 사업을 스타트업이라고 부른다. 창업만 하면 과연 사업은 언제 할까 싶어 창업 열풍이 두렵게 느껴지기도 한다.

모든 새로운 시작은 다 의미 있겠지만 '팬데믹과 경제 불황 같은 위기를 견뎌내고 지속적으로 성장하는 스타트업은 얼마나 될까?', '매번 시작(창업)만 하면 도대체 본 사업은 언제 한다는 말일까?', '혹시 '창업가'를 직업으로 생각하는 것은 아닐까?', '역시 창업은 서울에서 해야 성공하나?', 역으로 '서울에서 창업하면 모두 성공할까?', '(서울 아닌) 지역에 스타트업이 생긴다는 의미는 무엇일까?', '스타트업이 많아지면 지역은 살 만해질까?', '스타트업의 가치는 시대 변화에 따라 달라질까? 그 기준은 무엇일까?'.

이 책은 이런 꼬리에 꼬리를 무는 궁금증을 바탕으로 우리 시대의 '기업의 가치'에 대해 탐구한 결과다.

2. 기업의 사회적 가치

1) 소셜벤처의 출현

기존에는 기업의 가치에 대해 주로 경제적 가치와 사회적 가치를 논의해왔다. 당연히 이윤을 많이 창출하는 기업이 가치가 높다고 평가되었다. 이런 경향은 여전히 지배적이다. 그런데 시간이 흐르면서 기업의 사회적 가치에 대한 관심도 높아지게 되었다. 기업의 부수적 사회활동뿐만 아니라 아예 사회적 가치 구현을 목적으로 하는 기업형태도 등장했다.

사회적 기업(social enterprise)[1], 소셜벤처(social venture)[2], B corp(Benefit Corporation)[3], 협동조합, 마을기업, 로컬벤처(Local Venture) 등이 그것이다.

2011년 마이클 포터(Michael. E. Poter)와 마크 크레이머(Mark R. Kramer)는 논문 "The Big Idea: Creating Shared Value"에서 '기업이 운영하는 지역사회 경제 및 사회적 조건을 동시에 향상시키면서 기업 경쟁력을 강화할 수 있는 운영 방식 및 정책'으로서 CSV(Creating Shared Value, 공유가치 창출) 개념을 소개했다.

CSV는 지역사회의 경제적·사회적 조건을 동시에 향상시키면서 기업의 경쟁력을 강화하는 운영방식이다. CSR(Corporate Social Responsibility, 기업의 사회적 책임)은 자선적 책임 등 협의의 개념이고 CSV는 가치를 창

---

[1] 우리나라는 2007년 「사회적 기업 육성법」을 제정하여 제2조에서 사회적 기업을 정의하고 별도의 기준으로 사회적 기업을 인증한다. 사회적 기업은 고용노동부가 담당한다.
[2] 1997년 제정된 「벤처기업육성에 관한 특별법」 제2조는 '소셜벤처 기업이란 사회적 가치와 경제적 가치를 통합적으로 추구하는 기업'이라고 정의한다. 소셜벤처는 중소벤처기업부가 담당한다.
[3] 비콥(B corp)은 benefit corporation의 약자이다. 2007년 미국 비영리조직 B랩(B Lab)이 만든 인증제도로써 사회에 순기능적인 이익을 창출하는 '이로운(benefit)' 기업을 의미한다.

출하는 광의의 개념이다. 이러한 기업 이익과 사회 이익은 상호 긴밀하게 연결되고 공유되어야 한다는 새로운 주장은 기업에 적극적으로 수용되었다.[4]

슘페터(Joseph Schumpeter)도 강조한 '사회적' 존재로서 기업의 의미를 생각해보면, CSV 개념은 새삼스러울 것도 없지만 여전히 오랫동안 기업은 사회와 공존하는 것이 아니라 사회로부터 이익을 빼가는 고립된 이기적 존재로 여겨졌고 또 그렇게 활동해왔다는 점에서 포터와 크레이머의 CSV 개념은 혁신적인 개념으로 평가되었다.

동시에 과거에는 기업이 사회로부터 취한 이윤 가운데 매우 미미한 규모의 자투리 자금을 활용하여 다분히 수동적으로 사회공헌(philanthropy)이나 기부활동만 해왔다면 이제는 CSV 개념 하에 사내 소셜벤처 창업, 사회적 기업 창업 지원으로 적극적으로 확대되기 시작해, 그 결과 우리 사회에서도 제1호 사회적 기업 다솜이 재단(교보생명, 2007년)이 탄생했고, 그 외에도 많은 고용 창출과 사회문제 해결에 기여하는 CSV 활동이 진행되었다.

여전히 기업의 CSV 활동은 취약계층 지원 등 복지 부문에 한정되어 있긴 하지만, 지역창업 부문에서도 하나의 기회를 제공하고 있기도 하다. 예를 들어 SK E&S와 언더독스[5]가 함께 시작한 도시재생 프로젝트로써 로컬라이즈 사업은 소도시의 지역재생을 지원한 바 있다.

그 외에도 SKT의 전통시장 스마트화 사업, GS 홈쇼핑·언더독스·재

---

4) 기업의 CSV에 대해서는 조희정(2020: 10~11) 참조.
5) https://underdogs.co.kr

단법인 한국사회투자의 소셜 임팩트 프로젝트, 유한 킴벌리의 시니어 사회적 기업 지원, 네이버 소상공인 창업 프로젝트 '꽃', 카카오 임팩트 펠로우십 등을 통해 창업 지원, 기술 지원, 도시재생 등을 위한 다양한 임팩트 창업 지원활동이 전개되고 있다.

이들이 표방하는 사회적 목적은 취약층 고용과 환경보호(기후 위기 대응, 탄소 중립 실천)가 대표적이다. 아예 사회적 목적을 전면에 내걸고 창업하기도 하고 다른 상품과 서비스로 돈을 벌면서 사회적 목적 추구형 사업을 별도로 추가하기도 한다.

그러나 대부분의 기업이 경제적 성과를 추구해도 그 과정과 결과가 만족스럽지 못한 상태에서 사회적 목적을 추구하는 기업도 결과가 미흡하기는 매한가지다. 그런 상황에서 이제는 '지역적 가치 구현(지역성)'을 기업 가치에 포함시켜야 하는 시대가 되었다.

2) 사회적 가치의 모호함

사회적 가치의 중요성이 많이 확산되었고 사회적 가치 구현을 목표로 하는 독립적인 기업 형태도 등장했지만 소위 매출이 금액이라는 가시성으로 보여지는 데 반해 사회적 가치는 눈에 보이게 증명하기 어렵다.

우리나라 법에 지정한 사회적 가치는 (법의 속성이 그럴 수 밖에 없지만) 지나치게 포괄적이어서 더욱 명확하게 파악하기 어렵다.

중앙정부 차원에서 사회적 기업 정의(definition)의 근간인 「사회적 기업 육성법」이 정의하는 사회적 가치는 '취약계층 보호, 주민의 삶의 질 향상, 사회 서비스'이며, 창업 지원의 근간인 「벤처기업육성에 관한 특별조치법」은 '사회적 가치와 경제적 가치를 추구'하는 기업으로서 소셜벤처를 정의한다.

지자체 차원에서 국내 유일의 소셜벤처 지원 근거인「서울특별시 성동구 소셜벤처 육성 및 생태계 조성 지원에 관한 조례」는 13개 종류로 사회적 가치를 정의하고,「서울특별시 사회적경제 기본 조례」는 사회적 가치를 8개 항목으로 분류한다.

그러나 성동구 조례 '파'항과 서울시 조례 '아'항은 공통적으로 '그 밖에'라는 규정이 있다. 모든 법 규정은 '그 밖에' 또는 '기타' 규정을 둠으로써 유연한 듯 보이지만 한편으로는 다소 자의적인 유권해석에 의해 그 범위가 지나치게 확장되고 범위 규정이 무색해질 수도 있다. 결국 '모든 것이 사회적'이라는 대단히 상식적이고 대단히 모호한 규정 하에 기업의 사회적 가치가 거론되는 것이 현실인 것이다.

〈표 1-1〉 법령의 소셜벤처와 사회적 가치 정의

시행일	근거 법 및 조례	정의
2007.07.01	「사회적기업 육성법」제2조	1. "사회적기업"이란 취약계층에게 사회서비스 또는 일자리를 제공하거나 지역사회에 공헌함으로써 지역주민의 삶의 질을 높이는 등의 사회적 목적을 추구하면서 재화 및 서비스의 생산·판매 등 영업활동을 하는 기업으로서 제7조에 따라 인증받은 자를 말한다. 2. "취약계층"이란 자신에게 필요한 사회서비스를 시장가격으로 구매하는 데에 어려움이 있거나 노동시장의 통상적인 조건에서 취업이 특히 곤란한 계층을 말하며, 그 구체적인 기준은 대통령령으로 정한다. 3. "사회서비스"란 교육, 보건, 사회복지, 환경 및 문화 분야의 서비스, 그 밖에 이에 준하는 서비스로서 대통령령으로 정하는 분야의 서비스를 말한다.

2021. 7. 21.	「벤처기업육성에 관한 특별조치법」제2조제10항	(소셜벤처기업은) 사회적 가치와 경제적 가치를 통합적으로 추구하는 기업으로서 제16조의8제1항에 따른 요건을 갖춘 기업〈신설 2021. 4. 20.〉
2020.05.19	「서울특별시 성동구 소셜벤처 육성 및 생태계 조성 지원에 관한 조례」제2조의 2	* 사회적 가치 가. 인간의 존엄성을 유지하는 기본 권리로서 인권의 보호 나. 재난과 사고로부터 안전한 근로, 생활환경의 유지 다. 건강한 생활이 가능한 보건복지의 제공 라. 노동권의 보장과 근로조건의 향상 마. 사회적 약자에 대한 기회제공과 사회통합 바. 대기업·중소기업 간의 상생과 협력 사. 품위 있는 삶을 누릴 수 있는 양질의 일자리 창출 아. 지역사회 활성화와 공동체 복원 자. 경제활동을 통한 이익이 지역에 순환되는 지역경제 공헌 차. 윤리적 생산과 유통을 포함한 기업의 자발적인 사회적 책임 이행 카. 환경의 지속가능성 보전 타. 시민적 권리로서 민주적 의사결정과 참여의 실현 파. 그 밖에 공동체의 이익실현과 공공성 강화
2022.12.30	「서울특별시 사회적경제 기본 조례」제3조제1호	* 사회적 가치 가. 안정적인 양질의 일자리 창출 나. 지역사회 재생 다. 남녀의 기회 평등 라. 사회경제적 기회에서 배제될 위험에 처한 사회구성원의 회복 마. 공동체의 이익 실현 바. 윤리적 생산과 유통 사. 환경의 지속가능성 보전 아. 그 밖에 노동·복지·인권·환경 차원에서 지역 및 사회구성원의 사회적·경제적·문화적·환경적 복리증진

* 출처: 저자 작성

 사회문제해결형 기업 지원을 목표로 하는 ㈜타리키 펀드(Taliki Fund)는 이 세상의 가장 큰 사회문제는 '많은 사람들이 사회문제가 무엇인지

구체적으로 결정하지 않은 채 사회문제를 해결해야 한다고만 말하고 있는 것'이라고 표현하기도 했다.[6]

그렇다면, 사회문제란 무엇일까. 구체적으로 사회문제는 전체가 최적이라고 생각하는 상태 속에서 왜곡에 의해 발생하는 문제를 의미한다. 예를 들어 기술 발전, 자본주의, 규격 채소 유통, 생산성 향상 등은 모두에게 가장 좋은 상태로 설정될 수는 있지만 실제 진행과정에서는 환경오염, 빈부격차 확대, 푸드 로스(food loss), 장시간 노동과 같은 왜곡이 발생하기 쉽다.

이 경우에 이산화탄소 감소, 빈곤 가정 지원, 규격 외 채소 판매, 정신건강 등 사회문제가 발생할 수 있다. 이때, 중요한 것은 문제가 심각하니 해결을 서둘러야 한다고 생각하는 것이 아니다. 그렇게 서둘러서는 해결이 어렵다. 또한 다수가 편리하다고 느끼는 최적의 상태를 움직이려면 매우 창의적인 인센티브가 필요하고 문제가 심각하면 피해 보는 사람도 늘어난다는 식으로 사회문제의 심각성을 인식하는 것이 중요하다.

〈표 1-2〉 사회 최적 상태에 따른 사회문제 정의

사회 최적 상태	왜곡	사회문제
기술 발전	환경오염	이산화탄소 감소, 산호초 훼손
자본주의	빈부 격차 확대	빈곤가정 지원, 마이크로 파이낸스
규격 채소 유통	푸드 로스	규격 외 채소 판매
생산성 향상	장시간 노동	정신건강

* 출처: https://note.com/kissmetk/n/nc7cd7bd3a646

---

[6] https://note.com/kissmetk/n/nc7cd7bd3a646 이하 사회문제에 대한 논의도 이 노트 참조.

3. 로컬벤처의 지역 동반 성장 모델

2010년 중후반부터 소위 로컬 크리에이터(local creator)라는 표현이 등장하며 기업이 지역과 연결되는 방식에 대한 관심이 형성되기 시작했다. 한편에서는 지역적 가치에 집중하는 이들을 지역가치창업, 로컬벤처(local venture)[7]라고 부르기도 한다. 일반적으로 대기업의 현지법인을 지칭하던 로컬이라는 말이 각 지역의 독립성에 기반하여 '지역 기반 창업'이라는 의미를 형성하게 되었다.

로컬벤처는 2009년 일본에서 만들어진 개념으로서 '다양한 지역문제 해결과 지속가능한 지역사회 만들기를 위해 창업한 벤처 기업'을 의미한다.[8] 즉 지역에 소재하거나 지역 자체를 사업 대상으로 하는 속지주의와 속인주의를 모두 포함하는 개념으로서 벤처의 속성(도전, 혁신)과 소셜벤처의 속성(사회문제 해결) 그리고 지역성을 동시에 포함한다.

일반 기업이 경제적 이윤 극대화, 사회적 기업이 사회적 문제 해결을 목표로 한다면 로컬벤처는 지역문제 해결에 집중한다. 여기에서 지역문제는 앞서 거론한 '사회적 가치'로 환원되는 문제와 함께 지역을 활성화하는 모든 활동, 예를 들면 새로운 자원 발굴, 지역의 유휴공간 활용, 독창적인 지역문화 형성 등을 포함하는데 특히 그 과정에서 일반 기업이

---

7) 로컬 크리에이터는 개별 행위자를 지칭하므로 그들이 형성하는 기업 형태를 로컬벤처라고 부르기로 한다. 로컬벤처 개념은 2009년 일본에서 처음 등장하였고, 2016년 지자체 연합으로 로컬벤처 협의회가 구성되었다. 로컬벤처에 대해서는 牧大介(2018) 참조.

8) "様々な地域課題の解決と持続可能な地域社会づくりのために起業したベンチャー企業."
(https://www.en-try.jp/feature/local-venture)

나 사회적 기업보다 지역 밀착도가 기업 존립에 가장 크게 영향을 미친다는 것이 특징이다.

〈그림 1-1〉 로컬벤처와 지역사회의 가치

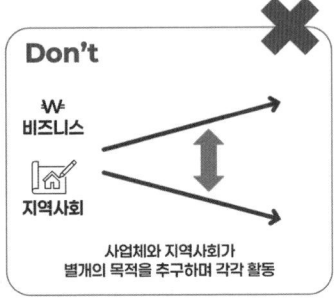 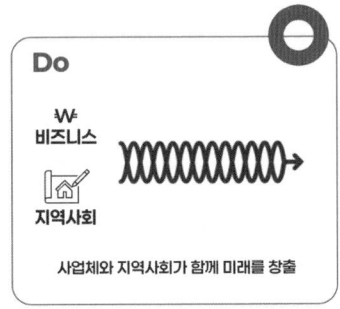

* 출처: https://kujira.ltd/sustainable/

국내에서는 지자체 국고보조금 지원 제도 개선(1997년), 지방 중심의 경제 활성화 전략(1997년), 「국가균형발전특별법」 제정(2003년), 제1차 지역발전 5개년 계획 2009~2013(2009년), 중기부의 로컬크리에이터 사업(2020년) 등 제도 변화를 거치면서 정부 지원 사업, 청년 가치관의 변화, 지역 문화 형성을 바탕으로 로컬벤처가 확산되었다.

그러나 일반적인 벤처의 성장모델처럼 로컬벤처의 성장모델을 구성할 경우에 가장 영향이 큰 독립변수는 시간이라는 사실을 유념할 필요가 있다. 로컬벤처는 보통 '3·6·9 축적 경로(3·6·9path)'를 형성한다.

즉, 초기의 지역 기반 형성 및 사업 구조화에 최소 3년, 지역사회에서 사업에 대한 긍정적 평가를 획득하고 사업구조를 안정화하는데 최소 6년, 지역에서 거리 규모의 권역 변화나 지역 외의 시장에서 판로 개척이나 투자를 유치하는 데 최소 9년이 소요되며 이 모든 과정은 한 지역에서 꾸준히 사업 성과를 축적하는 것을 전제로 한다.

이러한 '시간' 변수에 대해서는, '성장이 시급한 시대에 왜 로컬벤처만 시간을 길게 주어야 하는가', '하루 벌어 하루 살기 바쁜 자영업자와 차별하는 것인가', '무엇이 로컬이고 무엇이 벤처인가' 등의 문제제기가 있을 수 있다.

그러나 한편으로는 이런 반박도 가능하다. '로컬벤처가 새로운 기업 형태이기 때문에 '시간'을 더 주어야 하는 것이 아니라, 지역자원과 산업의 상당 부분은 천연자원과 농업이므로 이를 활용하여 단시간 내 성과를 내는 것은 불가능하다. 더군다나 (작은 지역일수록) 국가(법)도 해결하지 못하는 지역문제를 다루기 위해 창업한 마당에 긴 호흡의 시간은 필수적이다.'

또는 '창업 3년 후 자영업자 80%가 폐업하는 것이 정상은 아니다. 꾸준히 길게 안정적으로 확장할 수 있는 방안을 모색해야 하는 것은 로컬벤처나 자영업자나 마찬가지다'라고 생각해볼 수 있다.

이래저래 기업의 지역적 가치 획득 과정은 이러한 논란을 배경으로 진행 중이다.

4. 제3의 창업 시대

연구팀은 '경제성, 사회성 그리고 지역성을 동시에 추구하는 창업 현상'이 진행되는 이 시기를 제3의 창업 시대라고 특징지었다.

거시적 차원에서 제조업(제1의 창업), IT산업(제2의 창업)에 이은 지역 고유의 창업이 확대되면서 기업 가치에서 경제성, 사회성, 지역성이 새로운 평가 척도가 되는 시대라는 의미다.

〈표 1-3〉 창업 시대 분류와 핵심 가치

구분	핵심 산업	자본주의의 특징	기업 형태	핵심 가치
제1의 창업 시대	제조업	산업자본주의	대·중·소기업	개발, 발전, 진흥
제2의 창업 시대	IT산업	정보자본주의, 네트워크 자본주의	벤처	혁신
제3의 창업 시대	지역의 고유 산업	순환자본주의, 농촌자본주의	사회적 기업, 소셜벤처, B corp., 협동조합, 마을기업, 로컬벤처(로컬 크리에이터), 대기업의 ESG, CSV, SDGs 활동	지역, 공존, 연결, 협업

* 출처: 송인방·조희정·박상혁(2022: 60)을 재구성

물론 지역성은 기업이 특정 지역에 위치하고 있다는 물리적 장소만 강조한 개념은 아니다. 일반적으로 지역은 모든 곳을 의미하기 때문에 새삼스럽게 (당연히 있는) 지역을 강조한다는 것은 이해하기 어려운 주장이다. 즉, 지역은 물리적 장소성뿐만 아니라 '지역 고유의 사회·경제·문

화 조건을 포함한 복합적 개념'으로 보는 것이 적절하다.

서울의 창업과 진주의 창업, 완도의 창업은 각각의 조건이 매우 다르다. 한 지역 내에서도 원도심과 신도시의 창업 조건이 다르다. 대부분의 사람은 자본과 사람을 획득할 기회가 몰려 있는 수도권에서 창업하기를 바라지만 어떤 사람들은 수도권 외 지역에서 창업 기회를 찾고 새로운 기회나 가치 추구를 한다.

연구팀은 특히 수도권 외 지역의 창업 활성화 조건을 연구한다. 그렇다고 대도시의 자본과 사람이 그 외 지방으로 이동하여 자판기에서 상품 뽑듯이 왕창 자원을 투입하면 쑥쑥 창업이 확대되는 일차원적 성장모델을 지역 창업 활성화 조건이라고 분석하는 건 아니다.

모든 지역 고유의 자원과 조건, 새롭게 형성되는 창업자의 가치 정향, 그것이 지역과 연결되도록 노력하는 기업가 정신, 지역 주민 및 단체와의 협업 구조 등이 복합적으로 작동하여 지역창업을 이루기 때문에 지역마다 나름의 가치 구현 방식이 있고 보유하고 있는 독립변수 종류와 위력도 제각각이라고 분석한다. 지역별·업종별·유형별로 다양한 모델이 굳건히 지역에 기반하며 역동적으로 활성화될 때 기업도 살고 지역도 살 수 있다고 전망한다.

제2장

기업 가치 확장:
경제성 → 사회성 → 지역성

1. 성장, 성장, 성장 모델과 주기적 위기

일반적인 스타트업의 성장공식은 J커브(J-curve effect), 하키 스틱 성장 모델(hockey stick growth), T2D3 사이클(triple, triple, double, double, double cycle) 등이 대표적이다.

J커브는 경제학적으로 특정 변수의 변화가 시간이 지남에 따라 비선형적으로 변하는 것을 의미한다. 정치 변화 및 사회 변화 설명 모델로도 쓰이는데, 스타트업의 경우에는 사업 초기에 성장이 미미하다가 일정 시점이 되면 매출이 급증하는 현상, 변화에 대한 적응 현상을 의미한다.

하키 스틱 성장 모델도 J커브와 유사하지만 J커브처럼 초기에 침체기가 아니라 정체기를 경험하는 게 차이점이다. 하키 스틱 모양처럼 그려지는 모델인데 처음엔 완만한 지속세를 보이다가 극적인 성장 경로를

<그림 1-2> 하키 스틱 성장 모델

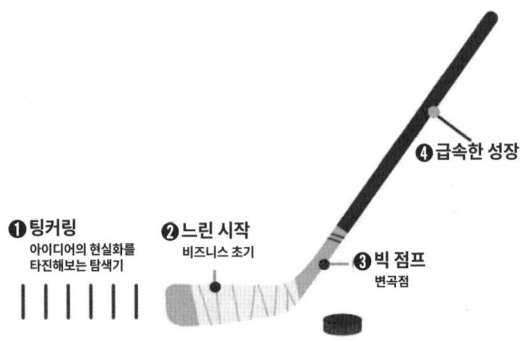

* 출처: https://tinyurl.com/24vlvj8a

겪는 모델이다.

아이디어를 사업화하는 초기 단계에는 시장에서 입지를 굳히기 위해 침체되어 있다가 성장 변곡점에 이르면 데이터 또는 수익 성장이 급격히 상승한다. 이 모델이 실제로 나타난 경우는 구독형 스트리밍 서비스 넷플릭스(Netflix)와 온라인 상거래 플랫폼 그루폰(Groupon) 사례가 대표적이다.

T2D3는 2015년 SaaS 기업 배터리 벤처스(Battery Ventures)의 니라즈 애그라왈(Neeraj Agrawal)이 SaaS 기업들의 대박 성장 공식으로 제시한 개념으로써 연간 반복 매출(ARR, annual recurring revenue, 매해 발생하는 예상 매출)이 2년간 매해 3배 성장하고(triple, triple, triple), 3년간 매해 2배 성장하면(double, double) 5~6년 내에 1~2백만 달러 매출이 1억 달러로 늘어 마침내 10억 달러를 달성하여 유니콘이 될 수 있다는 의미다.

그러나 현실적으로 대부분의 스타트업은 악마의 강, 죽음의 계곡, 다원의 바다와 같은 위기에 직면한다. 악마의 강(Devil River)은 제품화되기 전 연구 단계부터 개발 단계에 이르는 과정에서 발생하는 위기로써, 순수 연구에 그치지 않고 시장에 연결돼야 극복 가능한 위기다.

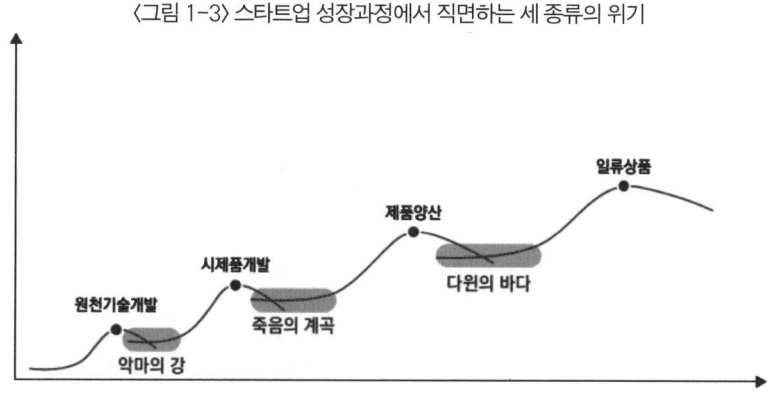

〈그림 1-3〉 스타트업 성장과정에서 직면하는 세 종류의 위기

* 출처: https://brunch.co.kr/@daeminpark/13

죽음의 계곡(Valley of Death)은 개발 단계부터 사업화 단계에 이르는 과정에서 발생하는 위기로써, 수익 창출을 위해 자금, 인력 등 경영 자원을 적절히 배치해야 극복할 수 있다.

다윈의 바다(Darwinian Sea)는 사업화 단계부터 산업화 단계에 이르는 과정에서 발생하는 위기로써, 경쟁 우위를 점하고 경쟁에서 이기기 위한 전략과 실행을 해야 극복할 수 있다.

모든 사회현상이 그러하듯 사업화 과정, 기업 활동 과정에는 많은 변수가 있다. 따라서 일직선의 무한 도약보다는 지속적인 질적 전환(pivot)을 통한 지속성 유지가 훨씬 중요하고 현실적인 전략이자 모델이다.

2. 유니콘과 지브라 기업

일반적인 기업 가치 평가지표로는 시가 총액(market capitalisation), 수익 배분법(the times-revenue method), 소득 비교 산정(earnings multiplier), 할인된 현금 흐름(discounted cash flow method), 장부 가치(book value), 청산 가치(liquidation value) 등이 있다.

한편, 일반인들이 기업 가치를 판단하는 가장 쉬운 방법은 주가다. 지금도 주식시장에서는 상장기업들의 주가가 소용돌이치고 있다. 금액으로 표현되는 그 규모와 변화에 따라 많은 사람이 일희일비하는 것이 자본주의 세상의 일반적인 모습이다. 때로 어떤 기업이 실제보다 저평가되었다는 말이 들리더라도 일단 주가가 높으면 좋은 기업이라고 평가하는 경향도 있다.

외부로부터 평가받아야 하는 지표가 아니라 스스로 평가하는 기업 가치가 존재할 수 있을까?, 비상장 기업의 기업 가치는 없다고 봐야 하나?, 지역 창업의 기업 가치는 기존 지표와 다른 지표로 측정해야 하지 않을까? 하는 의문을 갖던 차에 '지브라 기업(zebra company)'이 표방하는 기업의 사회적 가치에 주목하게 되었다.

2013년 유니콘 기업 개념 등장 2년 후 2015년 '지브라 기업'이라는 개념이 등장했다. 유니콘의 대당 개념으로써 이 개념을 제시한 일군의 그룹이 지브라 연합(Zebra Unite)이다. 상상 속의 동물 유니콘처럼 기업 가치 1조 원의 신화를 위해 한 방향으로만 경주하지 말고, 다양성과 군집성을 갖는 얼룩말처럼 현실에 기반한 지브라 기업이 되자는 일종의 민주적

경제사회운동을 지향하는 개념이다.

물론, 유니콘의 대당 기념으로 강조하다보니, 얼룩말의 속성을 지나치게 선한 면만 강조하는 측면도 있다. 한편으로는 2000년대 초반 인터넷 대중화와 산업화가 폭발하던 제1벤처 붐 시기에는 유니콘이라는 말이 없었다는 것도 살펴볼 필요가 있다.

이후에 네트워크와 SNS가 확대되면서 그에 따른 매출 급증 대기업이 나타나고 비로소 유니콘이라는 말이 등장했기 때문이다. 이 상태로 가면 앞으로 AI가 제3의 벤처 붐을 야기할 경우에는 전 지구적 네트워크가 아니라 인간의 인식과 우주 차원을 포괄하는 산업이 등장하며 '갤럭시 기업', '안드로메다 기업' 같은 표현이 나올 수도 있을 것이다. 그렇게 자본의 확장력을 강조하는 은유(metaphor)는 끊임없이 등장할 것이다.

어쨌든, (지금 현실에서) 지브라 기업 개념은 사회운동적인 일부 캠페인에 불과하다고 일축하기에는 지역창업 관점에서 많은 것을 함축하고 있다. 더구나 일본 정부는 이 개념을 적극적으로 수용하여 2024년부터 '로컬·지브라 기업(ローカル·ゼブラ企業) 지원사업'을 시행하고 있는데, 이 부분에서 기업의 지역적 가치와 접합할 수 있는 공식적인 모멘텀이 형성되었다.

'로컬·지브라 지원사업'이라는 명칭은 정부의 많은 지원사업 중의 하나이므로 때 되면 명칭을 바꾸며 이전과 다름 없는 대동소이한 사업이 반복될 수도 있다. 그러나 말 많고 탈 많은 정부지원사업도 나름 진화하고 있고, 그 진화에는 '지역 나름의 근육 키우기'라는 핵심 가치도 포함되어 있다. 그래서 이 사업을 좀 더 자세히 들여다보기로 한다.

이마에 길고 뾰족한 뿔이 있는, 말처럼 생긴 '흰색' 유니콘은 존재하지 않는 '상상'의 동물이다. 얼룩말은 (사실은 한 줄로 인한 착시효과일 수도 있지만) 검은색 바탕의 흰색 줄, 혹은 회색 바탕의 검은색 줄이 보이는 '실재'하는 동물이다.

유니콘은 급성장을 상징하고, 지브라는 가치의 공생을 상징한다. 그렇다면, 과연 기업의 경제, 사회, 지역 가치를 이해하기 위해 유니콘과 지브라 기업의 특징만 이해하면 되는 것일까, 지브라 개념을 과감하게 도입한 일본 사례만 이해하면 될까.

이런 물음을 하나하나 풀어가기 위해 우선, 일본의 로컬·지브라 정책의 특징을 간략히 살펴보았다.

3. 로컬·지브라 정책

비교적 최근에 시작한 로컬·지브라 기업 지원사업은 경제산업성 산하 중소기업청이 2023년부터 준비한 사업으로서 농림수산성,[9] 국토교통성,[10] 후생노동성,[11] 내각부, 통계청, 총무성[12] 등에서도 주목하는 사업이다.

2024년 6월 10일, 지난 10년간 추진한 지방창생사업의 성과가 부족하다는 일본 정부의 보고서가 있었지만,[13] (보고서에서 언급했듯이) 그동안 진행한 고향 납세, 지역부흥협력대, 지역 상사, 지역 유학, 고향 워케이션, 두 거점 거주, 관계인구 등 물적·인적 지원사업은 일정 정도 지역에 새로운 계기를 마련했다. 그리고 같은 보고서에서 정부는 새로운 지역 재생 방향을 제시하며 지속적인 지역 지원 의지를 밝혔다(물론 언제나 그렇듯이 의지와 능력은 별개 문제다).

그 연장선에서 2023년부터 정부 자료에 로컬·지브라 사업이 등장했고 2024년 전국 20개 지역에서 로컬·지브라 실증사업을 시작했다. 이들 기업은 지브라 기업의 본래 의미와 핵심 가치를 공유하되 일본식으로 지역 변용을 거친 창업체(혹은 일종의 마을기업)이다. 따라서 이들의 경

---

9) https://www.maff.go.jp/j/nousin/attach/pdf/impact-4.pdf
10) https://www.mlit.go.jp/policy/shingikai/content/001891912.pdf
11) https://www.mhlw.go.jp/content/12000000/001309359.pdf
12) https://www.soumu.go.jp/main_content/000990639.pdf
13) 이 발표는 그간 추진한 정책들이 일부분 성과는 있었지만 수도권 집중 해소 등의 성과는 부족했다고 평가했다(내각부, 2024.06.10). 그러나 맥락에 따라 완전 실패했는가 부분적으로 실패했는가에 대해서는 해석이 다양하게 나타났다.

영구조, 자금 확보 방식, 활동 분야를 분석하면 지역 창업의 시사점을 많이 발견할 수 있다.

앞으로의 창업 및 기업활동이 유념해야 할 기업 가치는 경제성에 사회성을 더하고 거기에 지역성이 적극적으로 반영되어야 한다는 것이 이 책의 핵심 주장이다. 돈을 많이 버는 것도 중요하지만 어디에서 누구와 어떻게 벌어서 제대로 쓰는 법을 늘 궁리해야 하는 것이 경제 주체의 과제가 되는 시대가 된 것이다.

제3장

유니콘 기업이란 무엇인가

1. 유니콘 기업 개념의 등장(2013년)

스타트업계에서 유니콘 기업은 '업력 10년 이내, 기업 가치 10억 달러(약 1조 원) 이상의 비상장 기업'을 의미한다. 비상장 상태이므로 주가처럼 명확한 평가 기준이 없기 때문에 누군가 평가해줘야 한다. 통상적으로 벤처 캐피탈(venture capital)이 기업 가치를 평가하며, 세계적 차원에서는 미국 스타트업 평가기관 CB 인사이트(CB Insight)의 평가가 대표적이다.[14]

2013년 실리콘 밸리의 벤처 투자자 에일린 리(Aileen Lee)는 비상장 상태에서 기업 가치 10억 달러 이상 달성은 극히 드문 일이라는 의미로 '유

---

14) 우리나라 중소벤처기업부는 CB인사이트 등재 기업과 국내 투자업계를 통해 파악한 기업을 합쳐 국내 유니콘 기업 현황을 별도로 발표한다.

니콘 기업(unicorn company)'이라는 말을 처음 만들었다.

당시 에일린 리가 소개한 바에 의하면, 2003년 이후 매해 4개 정도의 유니콘 기업이 등장했으며, 그 결과 2013년 말 기준으로 지난 10년간 창업한 스타트업의 0.07%에 해당하는 39개 유니콘이 존재하는 것으로 나타났다.[15] 1%도 안되지만 어쨌든 불가능할 것 같은 일을 해낸 기업들이 있기는 한 것이다.

〈그림 1-4〉 최초의 유니콘 기업(2013년, 39개)

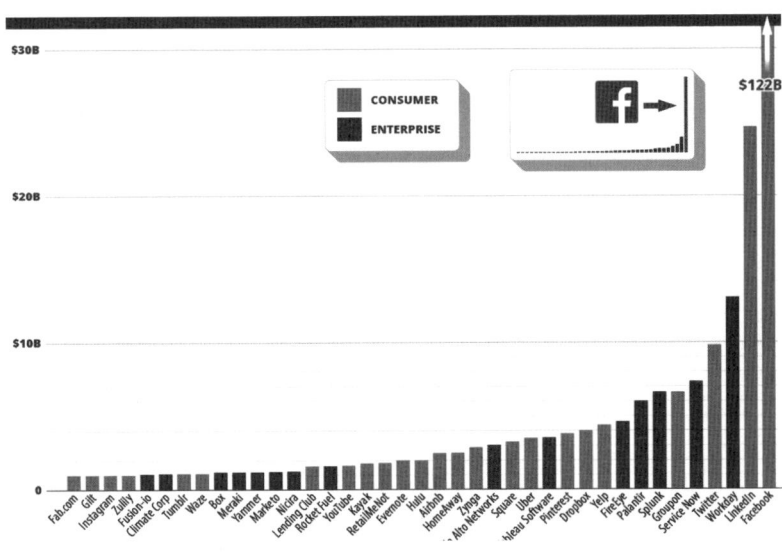

* 출처: Aileen Lee(2013.11.02.)

---

15) Aileen Lee(2013)

2. 유니콘 기업의 성장(2013~2025년)

2013년 이후로 전 세계 수많은 스타트업이 더 많은 유니콘 기업으로 나타났다. 2014년 기준으로 전 세계 유니콘 기업은 134개로써, 전년 대비 3배 이상 급증했다. 지역별로는 미국의 유니콘 기업이 79개로 다수를 차지했고 우리나라에서는 카카오와 쿠팡이 포함되었다.[16] 또한 국내 미디어에 '유니콘 기업'이라는 표현이 등장한 것은 2014년 10월경부터이다. 2025년 1월 기준 전 세계 유니콘 기업은 1,256개가 되어 12년간 320% 이상 증가했다. 국가별로는 미국이 687개로 가장 많고(55%), 그 다음이 중국(13%), 인도(5%) 순이다. 1위와 2, 3위의 격차가 상당하고 인도가 전 세계 유니콘 기업 규모 3위 국가라는 것도 인상적이다.

우리나라 유니콘 기업은 13개로서 전 세계 11위 수준인데, 전 세계 200여개 국에서 유니콘 기업이 있는 국가는 53개 국에 불과하다.

〈표 1-4〉 국가별 유니콘 기업 수

2025년 1월 기준

순위	국가	유니콘 기업 수(개)
1	미국	687
2	중국	162
3	인도	68
4	영국	55
5	독일	32
6	프랑스	28

16) "IT 창업하기 좋은 도시 베이징·스톡홀름·베를린".(중앙일보, 2014. 10. 28)

7	아일랜드	23
8	캐나다	21
9	브라질	18
10	싱가포르	15
11	한국	13
〈이하 10개 이하 국가〉		
네덜란드, 호주		각 9
멕시코, 일본		각 8
아일랜드, 인도네시아, 홍콩		각 7
스웨덴		6
스위스, 스페인, 아랍 에미레이트		각 5
노르웨이, 핀란드		각 4
대만, 벨기에, 이탈리아, 콜롬비아		각 3
그리스, 나이지리아, 덴마크, 리투아니아, 베트남, 세이셸, 에스토니아, 오스트리아, 칠레, 크로아티아		각 2
남아공, 리히텐슈타인, 말레이시아, 말타, 버뮤다, 사우디아라비아, 세네갈, 아르헨티나, 에콰도르, 우즈베키스탄, 이집트, 체코, 케이맨 제도, 튀르키예, 필리핀		각 1

* 출처: https://www.cbinsights.com/research-unicorn-companies

3. Top 10 유니콘 기업

기업의 흥망성쇠에 따라 매해 유니콘 기업의 종류나 규모는 달라진다. 2013년 에일린 리가 소개한 39개 유니콘 기업에서 압도적인 1위를 기록한 것은 페이스북이었다.

그 후 2010년대 중반에는 에어비앤비, 우버, 링크트인, 서비스나우, 드롭박스, 트위터, 핀터레스트, 스냅챗 등 주로 모바일, 소셜미디어, 클라우드, 빅데이터 업종이 유니콘 기업으로 올라섰다.

10여 년이 지난 2025년 현재, TOP 10 유니콘 기업을 보면 국가별 규모 격차와 마찬가지로 1, 2위와 3위의 기업 가치가 2배 정도로 큰 차이를 보이고 있다. 대부분 미국 AI 관련 기업이 많고, 그 유명한 일론 머스크(Elon Musk)가 관여한 기업이 많다는 것도 특징이다.

시기적으로 가장 먼저 진입한, 즉 가장 오래되고 성공을 유지하고 있는 스타트업은 2012년 진입한 'SpaceX'와 'Fanatics'이며, 가장 최근에 진입한 스타트업은 2024년 진입한 'xAI'이다.

⟨표 1-5⟩ 유니콘 기업의 기업 가치 Top 10

2025년 1월 기준
단위: 10억 달러

순위	기업명(업종)	기업 가치	진입 시기	국가
1	SpaceX(우주공학)	$350.00	2012.12.01	미국
2	ByteDance(틱톡)	$300.00	2017.04.07	중국
3	OpenAI(AI)	$157.00	2019.07.22	미국
4	Stripe(핀테크)	$70.00	2014.01.23	미국
5	SHEIN(온라인 패션 쇼핑몰)	$66.00	2018.07.03	싱가포르
6	Databricks(AI)	$62.00	2019.02.05	미국
7	xAI(AI)	$50.00	2024.05.26	미국
8	Revolut(금융)	$45.00	2018.04.26	영국
9	Canva(콘텐츠 디자인)	$32.00	2018.01.08	호주
10	Fanatics(온라인 스포츠 쇼핑몰)	$31.00	2012.06.06	미국

* 출처: https://www.cbinsights.com/research-unicorn-companies

4. 우리나라의 유니콘 기업

우리나라는 일본보다 5개 더 많은 유니콘 기업이 있는데, 현재 1위 규모인 토스는 전 세계 1,256개 기업 가운데 83위 규모로 나타났다. 글로벌 유니콘 스탠더드는 AI기업이지만 우리나라는 13개 가운데 8개 기업이 유통 관련 업종인 것도 특징이다.

〈표 1-6〉 한국과 일본의 유니콘 현황

2025년 1월 기준
단위: 10억 달러

국가	기업명	업종	기업 가치	진입 시기
한국 (13개)	Toss(83위/1,256개)	Financial Services	$7.00	2018.12.09
	Yello Mobile	Consumer & Retail	$4.00	2014.11.11
	Kurly	Consumer & Retail	$3.30	2021.07.09
	Tridge	Industrials	$2.70	2022.08.24
	WEMAKEPRICE	Consumer & Retail	$2.34	2015.09.09
	MUSINSA	Consumer & Retail	$2.00	2019.11.11
	ZigBang	Consumer & Retail	$1.93	2022.06.07
	MEGAZONE	Enterprise Tech	$1.83	2022.08.16
	Bucketplace	Consumer & Retail	$1.40	2022.05.09
	RIDI	Media & Entertainment	$1.33	2022.01.24
	GPclub	Consumer & Retail	$1.32	2018.10.22
	L&P Cosmetic	Consumer & Retail	$1.19	2016.01.01
	IGAWorks	Enterprise Tech	$1.00	2021.11.08

국가	기업명	업종	기업 가치	진입 시기
일본 (8개)	Preferred Networks	Industrials	$2.00	2018.05.17
	SmartNews	Media & Entertainment	$2.00	2019.08.05
	SmartHR	Enterprise Tech	$1.60	2021.06.08
	Spiber	Industrials	$1.22	2021.09.08
	Sakana AI	Enterprise Tech	$1.00	2024.06.26
	Go	Industrials	$1.00	2023.05.24
	Playco	Media & Entertainment	$1.00	2020.09.21
	Opn	Financial Services	$1.00	2022.05.09

* 출처: https://www.cbinsights.com/research-unicorn-companies

제4장

지브라 기업은 무엇인가

1. 지브라 기업 개념 등장과 지브라 연합 활동(2015년)

긴 뿔을 앞세워 훨훨 날아가는 상상의 유니콘과 달리 지브라 기업은 '현실'에 기반한 개념이다. 2015년 미국 기업인 제니퍼 브란델(Jennifer Brandel)과 마라 제페다(Mara Zepeda)가 최초로 이 개념을 제시했다(2013년 유니콘 개념이 발표된 지 2년 후의 시기다).

저널리스트이기도 한 두 사람은 벤처 자본가들의 까다로운 투자 조건(투자 후 10배 이상 반환 약속), 90% 이상 실패하는 스타트업의 현실을 보면서 유니콘 기업 등 스타트업 자금 조달 모델의 허와 실을 분석했다. '소수 선두 주자들의 결과적 성공에 주목할 것인가, 다수의 실패와 어려움 등 과정에 주목할 것인가'라는 문제제기를 한 것이다.

그들과 아니야 윌리엄스(Aniyia Williams), 애스트리드 스콜즈(Astrid

Scholz) 등 4명이 설립한 지브라 연합은 지속적으로 스타트업 생태계 문제와 지브라 기업의 중요성을 강조하며 스타트업의 가치를 사회와 연결시키고자 하는 글로벌 스타트업 단체, 협동조합이자 네트워크다. 경제적 기업 가치에 사회적 기업 가치를 더한 것이다.

지브라 연합에는 전 세계 63개 사가 조합원으로 참여하고 있는데,[17] 유럽 13개, 미국 11개, 중동 2개, 아시아 4개의 챕터(chapter, 일종의 지역 허브)와 네트워크를 형성한다. '모든 사람을 위한 기업가 정신'을 비전으로 제시하며 일종의 창업가 커뮤니티 역할도 수행한다. 또한 '얼룩말 정신'을 공유하고 확산하며 자체적인 펀드 조성[18] 및 새로운 자본주의 구축을 시도한다.

〈그림 1-5〉 지브라 연합

* 출처: https://zebrasunite.coop/

---

17) 63개사 목록은 https://zebrasunite.coop/directory 참조.
18) 자체적으로 진행한 프로젝트 수익의 2.5%를 펀드로 조성한다.

특히 이들이 2016년 발표한 "섹스와 스타트업(Sex & Startups)"[19]과 2017년 발표한 "유니콘이 부수는 것을 고치는 얼룩말: 마법 같은 사고방식이 스타트업 경제를 이끌지만 우리에게는 더 강력한 현실이 필요하다(Zebras Fix What Unicorns Break: Magical thinking drives the startup economy but we need a strong dose of reality)"[20]라는 두 개의 글은 지브라 기업을 이해하기 위한 바이블과 같은 글이다.

2016년부터 2023년까지 8년간 지브라 연합이 발표한 15편의 글에는 스타트업 생태계에 대한 비판 및 지브라 연합이 추구하는 성장 가치 및 대안이 잘 표현되어 있다.

〈표 1-7〉 지브라 연합의 스타트업 생태계 비판

〈현실 진단〉
- '스타트업 경영 관련 표현은 남성 중심적이다. 시드 펀딩(seed funding, 초기 자금 모금), 엑셀러레이션(acceleration), 엑싯(exit), 폭발적 성장만이 성공의 유일한 척도 등의 표현이 그러하다.'[21]
- '스타트업의 성공은 정자 한 개가 난자를 수정하는 것만큼이나 어렵다. 스타트업의 90%가 실패하는 것이 현실이다.'[22]
- '문제는 제품이 아니라 과정이다. 더 많이 생산한다고 사회문제가 해결되는 것은 아니다. 앱 개발만으로 노숙자 문제, 양극화나 정치적 갈등을 해소할 수 없다.'[23]
- '부를 창출하는 요소에 대한 접근성과 투명성이 매우 부족하다. 더 많은 사람들이 경제적 안정을 보장할 수 있는 기회, 도구, 그리고 권력 리터러시(power literacy)를 가져야 한다.'[24]

---

19) Zebras Unite (2016.02.17)
20) Zebras Unite (2017.03.08)
21) Zebras Unite (2016.02.17)
22) Zebras Unite (2016.02.17)
23) Zebras Unite (2017.03.08)
24) Zebras Unite (2018.07.25)

〈성장 가치〉
- '성장은 숫자 그 이상이다. 성장은 영향력이다.'[25]
- '성장은 지역사회를 개선하고, 직원의 행복을 증진시키며, 유료 충성 고객을 확보하고, 이용자의 성공을 돕고, 사람들의 삶을 개선하고 측정하며, 문화적 변화를 촉진하는 것을 의미한다.'[26]

〈대안〉
- '대안은, 서로 협력하기 위해 헌신하는 기업과 지역 시민들과 함께 21세기 디지털 상공회의소와 커뮤니티를 구현하는 것이다.'[27]

---

25) Zebras Unite(2016.02.17)
26) Zebras Unite(2016.02.17)
27) Zebras Unite(2016.02.17)

2. 유니콘 기업 cf. 지브라 기업

지브라 연합이 평가하는 유니콘은 불가능한 환상에 사로잡혀 성장만 추구하는 이윤 추구형 스타트업이고, 지브라는 얼룩말의 두 줄처럼, (기업 가치 극대화만 추구하는 것이 아니라) 경제적 가치와 사회적 가치(혹은 이윤과 대의)라는 두 개 목표를 동시에 추구하는 스타트업을 의미한다.

상상 속의 유니콘과 달리 지브라는 현실에 존재하며, 얼룩말의 흑백 무늬처럼 인종차별 없이 다양성과 포용성을 갖고 있다. 또한 무리를 지어 서로를 보호하는 얼룩말처럼 상호주의적이며, 시장 지배력을 추구하기보다는 파트너십과 커뮤니티 그리고 실질적 문제를 해결하는 지속가능한 사업을 구축하고자 하는 것이 차이점이다.[28]

〈표 1-8〉 유니콘 기업과 지브라 기업의 부문별 차이 비교

항목	유니콘 기업	지브라 기업
이유		
목적	기하급수적 성장	지속가능한 번영
최종 단계	엑싯, 유동적 이벤트, 10배 성장	수익성 있고 지속가능한 2배 성장
결과	독점	다수
방법		
세계관	제로섬, 승자와 패자	윈윈
방법	경쟁	협력
자연 상태	기생	상생
자원	비축	공유
스타일	확신적	참여적
추구하는것	더 많은 것	충분함, 더 나은 것

---

28) Zebras Unite (2017.03.08.); Bill Clark (2025.05.27.)

항목	유니콘 기업	지브라 기업
주체		
수혜자	개인, 주주	공중, 커뮤니티
팀 구성	압도적으로 많은 기술자들	균형, 커뮤니티 매니저, 소비자의 성공, 엔지니어
사용자 지불	조심스럽게(불투명)	가치를 위해(투명)
가치		
성장 방향	급격한 성장	사회적 임팩트가 있는 지속 가능한 성장
척도	계량적	질적
우선 순위	사용자 유입	사용자의 성공
장애물	상품 도입	과정 도입

* 출처: Zebras Unite (2017.03.08)

역동적 성과를 통해 10배 이상 성장을 추구하는 유니콘 기업의 빠른 속도에 비해 지브라 기업은 더딘 속도를 보이지만 지속가능한 성장모델을 추구한다. 그 결과, 소수 독점이 아닌 다수 참여를 더 의미 있다고 평가한다. 승자 독식의 제로섬게임(zero sum game)이 아닌 상생의 윈윈(win-win) 상태를 추구하는 것이다. 의미 있는 목적을 중심으로 더디더라도 모두와 꾸준히 성장을 도모할 필요가 있다고 강조한다.

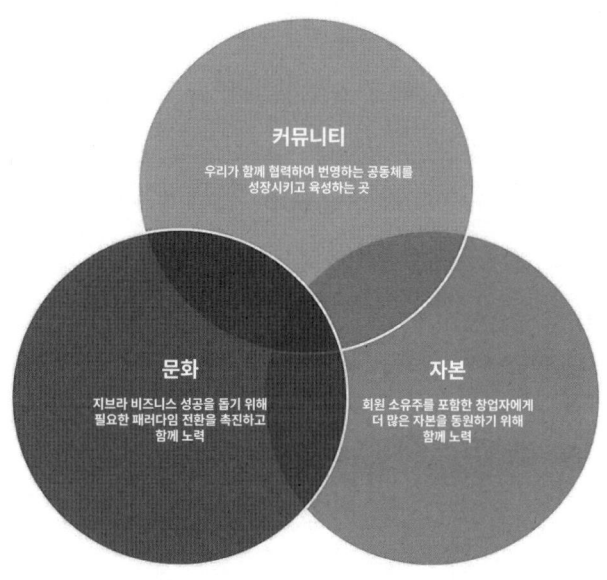

〈그림 1-6〉 지브라 연합의 핵심 가치

* 출처: Zebras Unite (2017.03.08)

지브라 기업이 추구하는 가치 혹은 지브라 기업의 페르소나(대표 유형)를 정리하면 다음과 같다.

① 비즈니스를 통한 사회문제 해결을 추구한다. 즉, 사업 성장을 통해 보다 좋은 사회를 만들고자 한다.

② 규모 확대나 이익 최대화가 아닌 비전을 공유하고 행동한다. 특히 사업 모델을 강화하고, 비용을 효율적으로 관리하고, 외부 자금 의존도를 최소화하는 린 재무 방식[29]을 채택한다. 유니콘처럼 초고속 성장을

---

29) 린 재무관리(lean financial management)는 기업의 비즈니스 목표 달성을 위해 재무 예산을 계획

추구하는 대신, 지속 가능하고 포용적이며 장기적인 성장을 강조한다.

③ 주주뿐만 아니라 전체 이해관계자에 대한 공헌을 의식한다. 시간, 창조력, 커뮤니티 등 다양한 힘을 조합한다. 시간을 들인 커뮤니케이션이나 브랜드 구축 전략을 수용한다. 이해관계자 모두의 공조와 공생을 실현할 수 있는 혁신적인 아이디어를 제시한다.

④ 경합, 경쟁이 아니라 협력과 공유를 중요시한다.

⑤ 자원 소비를 최소화하고 친환경적 관행을 채택하여 환경적 지속 가능성을 위해 활동한다.

⑥ 회사 내 다양성과 포용성을 촉진하고 사회에 긍정적으로 기여하는 윤리적 관행에 참여함으로써 사회적 지속 가능성을 강조한다.

이같은 특징은 선함, 지속가능성, 자유, 다양성, 공유, 협력, 친환경, 사람과 조직과 사회의 좋은 순환이라는 다소 추상적인 가치들이다. 어찌 보면 막연할 것 같은 이런 가치가 수익 창출을 중시하는 기업문화와 어떻게 조화를 이룰 수 있을까 하는 의문이 들기도 하지만 이미 이런 기업들이 (지브라 기업이라고 불리지 않았을 뿐) 많이 존재하는 것이 현실이기도 하다.

하고, 리소스를 할당 및 재정렬하는 것을 의미한다.

3. 지브라 기업의 페르소나와 대표 사례

전 세계의 지브라 조합은 70개 이상의 지부와 7,000여 개 이상의 기업으로 구성되어 있다. 일반적인 기업들까지 포함하면 (거의 없다고 할 수는 없지만) 어쨌든 극소수이다.[30]

대표적인 지브라 기업은 그 유명한 파타고니아(Patagonia),[31] 킥스타터(Kickstarter)[32]를 비롯하여 탐스(TOMS),[33] 크루즈폼(Cruz Foam),[34] 와비파커(Warby Parker),[35] 베이스 캠프(Basecamp),[36] 피어바이(Peerby),[37] 패트레온(PATREON)[38] 등이 있다.

파타고니아는 환경적 가치를 강조하며 매출의 1%를 환경보호활동에 기부한다. 또한 공정한 노동관행을 실천하고자 한다.

킥스타터는 공익법인(Public Benefit Corporation, PBC)으로 운영되며, 창의적 프로젝트 실현을 지원하는 크라우드펀딩 서비스로서 전통적인 벤처 캐피탈(venture capital) 방식이 아니라 지속가능하고 장기적인 성장에 집중한다.

---

30) https://www.zebrasand.co.jp/zebras
31) https://www.patagonia.com
32) https://www.kickstarter.com
33) https://www.toms.com
34) https://www.cruzfoam.com
35) https://www.warbyparker.com
36) https://basecamp.com
37) https://www.peerby.com
38) https://www.patreon.com

탐스(혹은 탐스 슈즈)는 소매업과 사회적 책임을 접목하여 기능적 신발을 판매하여 수익을 창출하는 동시에 전 세계의 보건 문제를 지원한다. 특히 수익의 1/3을 사회에 환원하는 것으로 유명하다.

크루즈폼은 글로벌 공급망에서 지속가능하지 않은 기존의 포장재들을 대체하는 순환형 소재를 도입하고 폐기물을 줄여 포장 산업의 혁신을 도모한다.

와비 파커는 고품질의 안경과 선글래스를 합리적인 가격에 제공하는 안경회사다. 패션과 기능성을 모두 추구하는 제품으로 인기를 끌고 있는데 안경 한 개가 팔릴 때마다 도움이 필요한 이들에게 안경 한 개를 제공하고, 저소득층을 위한 시력검사를 무료로 제공한다.

베이스캠프는 전 세계에 원격으로 분산된 팀의 프로젝트 관리 프로그램을 서비스하는 소프트웨어 회사로서 조직 전체에 유연성과 급여 투명성을 촉진하는 등 직원 행복 구현을 위해 노력한다.

피어바이는 2012년 네덜란드에서 창업한 공유 비즈니스형 기업이다. 일반 가정에 있는 물건의 80%가 한 달에 한 번만 사용된다는 점에서 착안한 서비스로서 '공유를 연결하다(Connect through sharing)'를 모토로 제시한다. 사용하지 않는 생활용품을 이웃과 공유할 수 있는 플랫폼을 통해 물품과 현재 위치를 입력하면 그 물건을 가지고 있는 가까운 거리의 회원과 연결해준다.

창업 3년 만에 70억 원 자금 조달을 이룩하는 등 큰 성공을 거뒀지만 '폐기물을 줄이며 서로 지지하는 커뮤니티를 만드는 것'이 피어바이의 가치라고 재정의하면서 커뮤니티 공헌자, 공헌을 적게 한 사람 등에게 각각 차등형 요금제를 부과하고 사고나 도난에 대비하는 커뮤니티 펀드 구조도 제공한다.

패트레온은 크리에이터 커뮤니티 앱으로서 창작자가 작품을 올리면 이용자가 후원하는 구조를 제공함으로써 창작자와 이용자간 돈이 순환하는 모델을 제시했다.

제5장

동물의 왕국 생태계

유니콘과 지브라 개념에 대해 어느 한 쪽이 선하고, 다른 쪽은 악하다는 이분법적 평가는 적절하지 않다. 기업활동이 종교활동이나 자선활동은 아니기 때문이다. 다만 유니콘 기업이 상대적으로 지브라 기업보다 사회적 가치를 덜 강조하는 것이 차이일 뿐이다. 뿐만 아니라 소위 스타트업 생태계에는 유니콘과 지브라 외에 매우 다양한 유형의 기업들이 존재한다.

팬데믹 위기가 절정을 향하던 2020년 10월, 벤처 캐피탈리스트 알렉산더 라자로프(Alex Lazarow)는 자금이 메마른 악조건 환경을 견뎌내려면 유니콘이 아니라 낙타처럼 생각해야 한다며 '낙타 기업(camel startup)'이라는 개념을 제시했다.

즉 유니콘의 급격한 성장은 경제 호황기에나 기대할 수 있는 것인데 현실은 그렇지 못하므로 자양분 없이도 오래 버틸 수 있는 낙타의 생존

방식이 현실에서는 더 적합하다는 의미다. 먹이 없이 오랫동안 생존할 수 있고, 뜨거운 사막의 더위를 견디고 극심한 기후 변화에 적응할 수 있으며 지구에서 가장 혹독한 지역에서 생존하고 번성하는 낙타처럼 생존할 필요가 있다는 것이다. 그래서 (속도를 앞세우기보다) 균형 잡힌 성장 실행, (기업 생존을 위해) 장기적인 전망 수립, (회복 탄력성을 위해) 비즈니스 모델 다양화 전략을 구사해야 한다고 설명한다.[39]

이처럼 스타트업계에서 성장은 규모와 성장 속도에 따라 구분되곤 한다.

어차피 먼 길, 천천히 가자는 '나무늘보',

팍팍한 사막 환경에서 고유의 생존방식으로 막대한 자금에 지나치게 의존하지 않고 벤처 캐피털이 있든 없든 가치를 창출하는 '낙타',

낙타와 유사하게 모든 역경을 꿋꿋하게 버텨내는 '바퀴벌레',[40]

성장 속도가 남달라서 5년 내 유니콘이 될 '치타',[41]

치타보다 더 빠른 성장 속도로 점프하며 유니콘이 될 '가젤',[42]

그리하여 절대 강자 '유니콘',[43]

---

[39] Alex Lazarow(2020.10.16.) 이 외에 낙타 기업에 대한 해석은
https://blog.naver.com/ycw92/222610471895, https://tinyurl.com/2burgvva 참조.

[40] 바퀴벌레 기업은 극도의 회복탄력성을 중시하며, 대규모 자금 조달 없이 경기 침체를 극복하고, 지속 가능한 현금 흐름으로 자력으로 버티는 경우가 많다.

[41] 치타 기업의 가치는 2억~5억 달러이며 5년 내에 유니콘 시장에 진입할 가능성이 가장 높은 기업을 의미한다.

[42] 가젤 기업의 가치는 5억~10억 달러이며 3년 내에 10억 달러를 돌파하여 유니콘이 될 것으로 예상하는 기업을 의미한다. 일반적으로 최소 100만 달러 매출 달성 후, 최소 4년 동안 매년 20% 성장률을 유지해 온 소규모 상장 기업으로서 새로운 일자리 창출 능력으로도 높은 평가를 받는다. 평균 가젤 기업의 업력은 25년이다(https://tinyurl.com/25p5nhd4).

[43] 유니콘 기업가치의 10배가 넘는 슈퍼 스타트업은 '데카콘(decacorn)'이라고 부른다.

이들 밖에서 꿋꿋하게 버티고 있는 대기업 '코끼리',[44]

노련한 '고릴라',[45]

그리고 유니콘의 대당 개념으로서 다양성과 포용성을 표방하는 '지브라',

2025년에는 이 생태계에 신종 유형이 추가되었다. 바로 불사조와 켄타우로스[46]다.

불사조 스타트업은 회복탄력성을 상징하는 기업으로서, 붕괴에 직면했지만 방향을 전환하고 재탄생하여 지속적인 성공을 거둔 애플, 스타벅스, 에어비앤비 등이 대표적이다. 이들은 실패는 끝이 아니라 데이터, 적응력은 경쟁 우위, 회복탄력성은 투자자의 신뢰라는 전략을 중심으로 재기에 성공한 것으로 평가된다.[47]

켄타우로스는 수익성과 기업 가치 평가가 균형을 이루는 기업, 즉 1억 달러 이상의 기업 가치를 입증하고 그만큼의 매출을 보유한 기업을 의미한다.

이렇게 스타트업 생태계는 그야말로 '동물의 왕국(animal kingdom)'이다.

---

[44] 코끼리 기업은 대기업을 의미하며 작은 기업들을 짓밟을 수 있고, 기술적으로 우월하다. 그러나 내부 구조가 크고 직원 수가 많으며 의사 결정권자가 많기 때문에 작업 속도가 느리다. 쉘(Shell)과 IBM이 대표적인 코끼리 기업이다(https://tinyurl.com/25p5nhd4).

[45] 고릴라 기업은 거대한 전문가 기업으로서 업계에서 상당한 시장 점유율을 차지하고 있지만 항상 독점적인 것은 아니다. 제프리 무어에 따르면, 경쟁력 있는 가격, 제품 옵션, 포지셔닝 덕분에 고객 기반을 잃기 어렵고 잃을 가능성이 낮다. 맥도날드와 마이크로소프트가 대표적이다(https://tinyurl.com/25p5nhd4).

[46] 켄타우로스(Centaurs)는 인간의 상반신과 말의 하반신을 가진 신화 속 반인반마(半人半馬) 괴물이다.

[47] https://tinyurl.com/23fxjvyz

<그림 1-7> 스타트업 생태계, 동물의 왕국

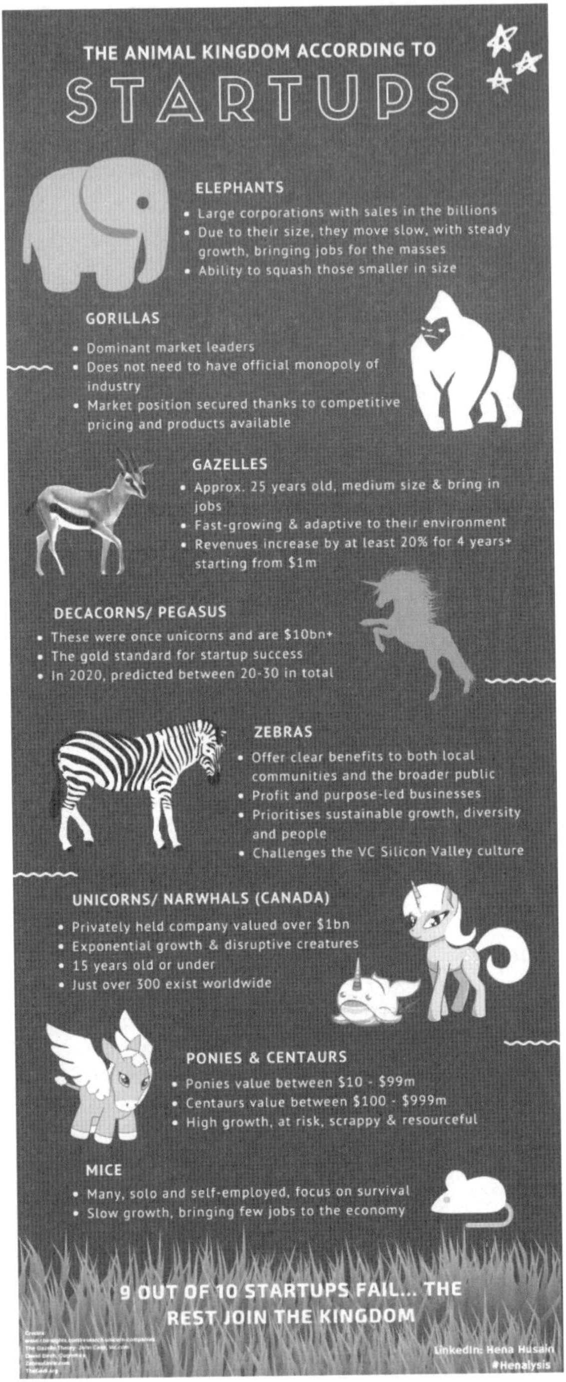

THE ANIMAL KINGDOM ACCORDING TO STARTUPS

ELEPHANTS
- Large corporations with sales in the billions
- Due to their size, they move slow, with steady growth, bringing jobs for the masses
- Ability to squash those smaller in size

GORILLAS
- Dominant market leaders
- Does not need to have official monopoly of industry
- Market position secured thanks to competitive pricing and products available

GAZELLES
- Approx. 25 years old, medium size & bring in jobs
- Fast-growing & adaptive to their environment
- Revenues increase by at least 20% for 4 years+ starting from $1m

DECACORNS/ PEGASUS
- These were once unicorns and are $10bn+
- The gold standard for startup success
- In 2020, predicted between 20-30 in total

ZEBRAS
- Offer clear benefits to both local communities and the broader public
- Profit and purpose-led businesses
- Prioritises sustainable growth, diversity and people
- Challenges the VC Silicon Valley culture

UNICORNS/ NARWHALS (CANADA)
- Privately held company valued over $1bn
- Exponential growth & disruptive creatures
- 15 years old or under
- Just over 300 exist worldwide

PONIES & CENTAURS
- Ponies value between $10 - $99m
- Centaurs value between $100 - $999m
- High growth, at risk, scrappy & resourceful

MICE
- Many, solo and self-employed, focus on survival
- Slow growth, bringing few jobs to the economy

9 OUT OF 10 STARTUPS FAIL... THE REST JOIN THE KINGDOM

LinkedIn: Hena Husain
#Henalysis

* 출처: https://tinyurl.com/25p5nhd4

제2부

로컬·지브라 기업과 실증사업

로컬·지브라 기업은 사업을 통해 지역문제 해결을 도모하고,
사회적 임팩트와 수익 창출을 동시에 달성하는 기업이다.
(일본 중소기업청)

제6장

지브라 연합 활동

1. 지브라 앤드 컴퍼니(2021년)

 2021년 3월, 아자카미 요헤이(阿座上 陽平), 다부치 요시타카(田淵 良敬)와 스미야 유지(陶山祐司)가 8,850만 엔의 자본금으로 설립하여 공동대표로 있는 ㈜지브라 앤드 컴퍼니(Zebras and Company, 이하 Z&C)는 미국 지브라 연합의 파트너 회사이자 일본 지부다(이후 중소기업청은 Z&C를 로컬·지브라 기업이라고 소개했다).

 Z&C는 2019년 미국 지브라 연합의 개념을 수용한 'Tokyo Zebras Unite'를 모체로 설립되었다. 비전은 '착하고, 건강하고, 즐거운 사회'다. 이 세 가지 가치는 별개가 아니라 하나의 순환 관계를 형성한다.[48]

---

48) Zebras and Company(2025.04.08.: 11~13)

<그림 2-1> 일본 Z&C

* 출처: https://www.zebrasand.co.jp/zebras

첫째, '착하고'는 친절함과 다양성, 즉 누구나 안심하고, 자신의 뜻대로 미래를 선택할 수 있는 관용의 상태를 의미한다.

둘째, '건강하고'는 심신의 건강과 사업 자체의 건전성 그리고, 사회 과제에 도전하는 기업이 건전한 경쟁 속에서 형성하는 관계성을 의미한다.

셋째, '즐거운'은 의무나 희생이 아니라 자발적인 의지와 즐거움을 가지고 움직일 수 있는 것, 즉 누가 시켜서가 아니라, 하고 싶어서 하는 상태를 의미한다.

착하고, 건강하고, 즐거운 사회라는 비전을 실현하기 위해 첫 단계에는 무브먼트와 커뮤니티 만들기부터 시작한다. 이 과정에서 정보를 제공하거나 대화가 형성되어 동료들이 증가하고 사회과제를 가시화한다.

그리고 다음 단계에서는 투자나 경영 지원을 통해 실천 지식을 이론화하고 개방적으로 공유하며 다른 플레이어와 협동할 수 있는 토양을 형

<그림 2-2> Z&C의 비전 체계도 '변화 이론'

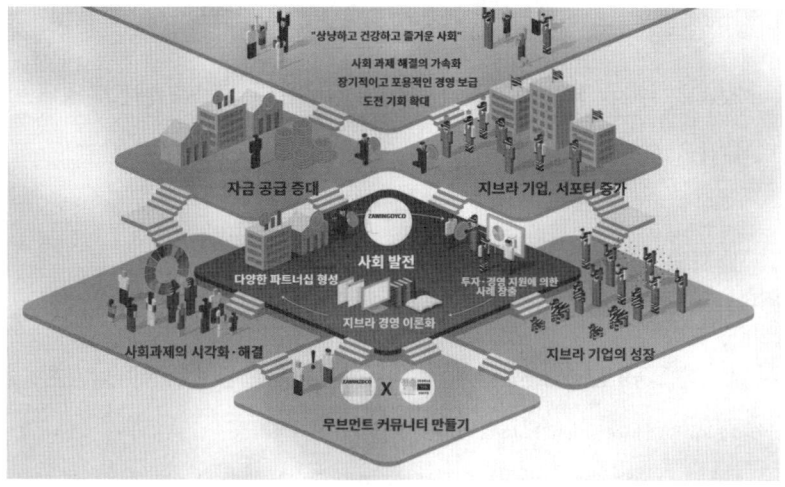

* 출처: https://www.zebrasand.co.jp/about

성한다. 금융기관, 행정, 미디어, 그리고 시민 등 다양한 입장의 사람들이 교차하는 사회에 지브라 기업의 존재 의의가 뿌리내리고 있다고 평가하는 것이다.

이 모든 단계의 순환과정이 형성되는 것이 Z&C가 생각하는 '변화 이론(Theory of Change, TOC)', '변화 과정'이다.

2. Z&C의 5개 사업[49]

Z&C는 투자, 경영 지원, 이론화, 협업, 무브먼트 구축 등 5개 영역으로 사업을 진행한다.

1) 지브라 기업을 발굴하여 투자

Z&C는 사회적 임팩트 창출을 목적으로 2025년까지 4개 사에 투자했다.[50] 2021년 6월, 일반재단법인 사회변혁추진재단(SIIF, Japan Social Innovation and Investment Foundation)[51]으로부터 1억 엔을 조달하여[52] 5년 동안 창업 전부터 창업 3년 이내, 매출 3천만~5천만 엔의 기업 4~6개 사를 대상으로 기업당 1천만~2천만 엔을 투자했다.

Z&C가 스타트업과 관계 맺는 방식은 펀드 형식이 아닌 직접 투자 방식으로, 이는 기업명과도 관련이 있다. 즉 법인을 기업형태로 하면서 제한적 기간 내 회수해야 하는 단기적 IPO만 추구하는 펀드가 아니라 장기적 관계 유지가 중요하다고 판단한 것이다.

또한 투자하여 성과 내는 것에 그치지 않고 경영 지원, 협업, 사회운동 등을 촉진하는 일종의 엑셀러레이터(Accelerator, AC, 창업 기획자) 역할도 함께 수행하며 Z&C 패밀리로서 강하고 따뜻한 관계성을 쌓아간다.

---

49) Zebras and Company(2025.04.08.: 14)
50) 4개사는 陽と人, エッセンス, NEWLOCAL, リンクルージョン이다.
51) https://www.siif.or.jp/
52) https://www.siif.or.jp/wp-content/uploads/2021/06/Final-ZC-press-release.pdf

한마디로 돈뿐만 아니라 노하우 전수, 교육 등을 패키지로 지원하는 전략이다.

2) 지브라 기업에 대한 경영 지원

Z&C 패밀리 안에 '자식 지브라' 기업부터 '부모 지브라' 기업까지 포함하는 개념으로 2025년 누계 30개 이상의 기업을 지원했다. 다양한 방법으로 지원하지만, 지원하는 모든 기업에게 사회적 임팩트 창조를 강조한다.

세부적으로 진행하는 경영 지원 분야는 비전·사업 전략, 마케팅·브랜딩, 재무 계획 수립이나 자금 조달, 조직 개발이나 거버넌스 구축, 네트워킹 등이다. 이러한 지원을 통해 Z&C 수익을 창출하기도 한다. 투자 단계에서 1억 엔 미만을 투자하기 때문에 경영 지원으로 수익을 창출하는 것이다. 물론 30개 사를 수익원으로 간주하는 것에 그치는 것은 아니고 이 회사들이 더 잘 도전할 수 있고 지브라 기업의 정신을 공유할 수 있도록 촉진한다.

3) 지브라 기업의 경영방식을 이론화

각종 프레임워크를 만들어 구체적 경영 특징을 이론화하는데 지금까지 목적 지향적 금융(Finance for Purpose), TRC 시프트(The Regnerative Company Shift), 지브라 금융 디자인(Zebras Finance Design) 등을 개발했다. 또한 지브라 기업 개념을 기존 경제학이나 경영학의 학술적 분야와 접목시키기 위해 노력한다.

4) 지브라 경영을 촉진하기 위해 다양한 파트너와 협업

Z&C 단독으로 지브라 사업을 전개하는 한계를 극복하기 위해 지방은행, 신용금고, 중앙정부, 지자체 등과 다각적으로 협력한다.

일례로 (이 책에 소개하는) 경제산업성, 중소기업청과의 로컬 지브라 생태계 구축사업(2024년 6월), 『WIRED』 일본판과의 프레임워크 조성사업(2023년 6월),[53] 나가노현 시오지리시(塩尻市)의 창업자와 투자자를 잇는 매칭 실증사업으로서 지역형 임팩트 투자 추진 사업(2022년 7월)[54] 등을 실시했다.

이 가운데 가장 중요한 활동은 (창업 2년 만인) 2023년 11월, 중소기업청의 로컬·지브라 정책 추진과제 '지역사회문제 해결 촉진을 위한 연구회'의 위원으로 Z&C 대표 다부치 요시타카가 참여하여 전국 20개 지역에서 로컬·지브라 실증사업을 추진하기로 결정한 것이다. 그 결과 112개 지역이 응모한 가운데 2024년 6월, 20개 실증 사업지를 선정했다.

5) 지브라 기업·경영의 무브먼트 조성

단독 사업이 아닌 사회적 가치를 확산하는 사회운동을 추구한다.

지구상에 환경문제가 해결되면 환경단체는 필요 없어진다. 모든 곳에서 민주주의가 구현되면 굳이 민주주의라는 표현도 필요 없어질 것이다. 같은 맥락으로 Z&C 대표 아자카미 요헤이 또한 지브라 기업이 너무

---

[53] https://wired.jp/magazine/vol_49/
[54] https://www.zebrasand.co.jp/2614/

당연해져서 그 표현 자체가 필요 없어지는 것을 목표로 활동한다고 말한다.[55]

---

55) https://www.zebrasand.co.jp/160

제7장

로컬·지브라 실증사업

1. 지역과제해결사업으로서 로컬·지브라 실증사업 도입(2023년)

2012~2020년까지 이어진 아베(安倍) 정부는 2014년부터 지방창생 정책을 실시했다. 2021년 10월, 새로 출범한 기시다(岸田) 정부는 '새로운 자본주의 경제정책'을 표방했다. 아베 정부에서 진행한 지방창생정책에 '새로운 자본주의'라는 새로운 가치를 제시하며 약간의 차별화를 도모한 것이다.

그 연장선상에서 경제 성장(단기 성장)과 사회문제 해결(장기 번영)을 기업 역할로 강조했다. 이런 맥락으로 2023년 '경제 및 재정 운영과 개혁의 기본 방침'과 '새로운 자본주의를 위한 그랜드 디자인 및 실행계획'[56]에서 지역문제 해결과 중소기업 활력 제고를 위한 핵심 주체로 지브라 기업을 제시했다.

특히 성장과 배분의 선순환을 새로운 자본주의의 특징으로 강조하며 여기에 민간 주체를 적극적으로 확보하는 임팩트 투자나 소셜 비즈니스 활성화를 통한 지역 생태계 형성을 세부 사업으로 제시했다. 아울러 사회적 영향(성과) 평가 및 인증제도의 검토 필요성도 제시되었다.

물론 정책 비중으로 보면 그랜드 디자인 계획의 많은 부분은 일반적인 스타트업 육성정책으로 할애되었다. 여기에 소셜 비즈니스, 소셜 임팩트, 지브라 기업이 추가된 것이라고 볼 수 있다.

일본 중소기업청은 〈표 2-1〉에 정리한 것처럼 창업지원사업을 전개한다. 우리나라 중기부의 지원내용도 이와 유사하다. 다만, 특이한 점은 이 가운데 지역해결사업으로서 로컬·지브라 기업 지원사업이 포함되어 있다는 것이다.

〈표 2-1〉 일본 중소기업청의 창업 지원 사업

목표	사업명	내용
경영력 향상, 경영 혁신 지원	100억 선언	중소기업의 비약적 성장을 위해, 스스로 '매출 100억 엔'을 선언한 기업에게 다양한 지원 시행
	경영력 향상 지원	중소기업자나 중견기업이 실시하는 경영력 향상을 위한 인재 육성, 재무관리, 설비투자 실시 등에 대해 세제 지원 및 금융 지원
	경영 혁신 지원	신상품이나 신기술 개발 등 중소기업자가 경영 혁신을 도모하면 금융 지원 및 판로 개척 지원
	첨단 설비 등 도입 제도에 의한 지원	노동 생산성 향상 및 임금 인상 촉진을 위해 중소기업자가 첨단 설비를 도입하면 세제 및 금융 지원

56) 내각관방(2023.06.16)

경영 지원	경영 지원 체제	중소기업자의 다양한 상담에 응하는 각종 상담 창구 설치
	고용 및 인력 지원	중소기업의 인재 부족 문제 해결을 위해 경영 전략과 인재 전략을 효과적으로 대처하도록 정보 제공
혁신 지원	혁신 지원	중소기업의 혁신을 위해 연구 개발 관련 보조금 지원 및 세액 공제, 마케팅부터 사업화까지 지원, 사업화를 위한 대출 지원
사업 승계	사업 승계	사업 승계의 중요성이나 유형을 알리고, 중소기업자가 원활하게 사업 승계를 할 수 있도록 보조금, 세제, 금융 등을 지원
창업, 신사업 지원	기업가 교육 지원	기업가에게 필요한 마인드(도전 정신, 탐구심 등)와 자질·능력(정보 수집·분석력, 리더십 등)을 가진 인재 육성 교육
	창업, 스타트업 지원	예비 창업자나 스타트업에게 정보 제공. 지자체, 민간 사업자 등의 창업 지원 사업 지원으로 지역 창업 촉진
	지역과제 해결사업 (로컬·지브라 기업)	비즈니스를 통해 지역과제를 해결하도록 사회적 임팩트(사업 활동이나 투자로 사회적·환경적 변화 창출)를 만들어내는 로컬·지브라 기업 발굴 및 육성 지원
	농·상·공업 제휴	중소기업자와 농림어업자가 유기적으로 연계하여 각각의 경영 자원을 유효하게 활용하는 사업활동을 종합적으로 지원
해외진출 지원	해외 판로 개척 지원	중소기업자의 해외 판로 개척을 위해 정보 제공, 상담 창구 운영
사업 재구축, 생산성 향상 지원	사업 재구축, 생산성 향상 지원	사업 재구축이나 생산성 향상을 위해 중소기업자의 설비 투자 등에 대해 보조금 지원
	디지털·IT화 지원	중소기업자의 디지털·IT화에 대해 보조금, 정보 제공 지원
소규모 기업 지원	소규모 기업 지원	20명 이하(상업·서비스업은 5명 이하) 소규모 사업자 대상 지원
상업 활성화	상업 활성화	중소 상업자, 상가, 중심 시가지의 매력 향상 등에 대한 정보 제공 및 각종 지원

* 주: 금융, 재무, 거래, 예산, 세제, 국제협력 지원 등 일반적인 지원사업 소개는 우리나라와 유사한 내용이므로 제외

** 출처: https://www.chusho.meti.go.jp/support/index.html

구체적인 로컬·지브라 기업 지원사업의 추진과정은 〈표 2-2〉와 같다.

〈표 2-2〉 일본 정부의 로컬·지브라 기업 지원사업 추진과정(2022~2025년)

발표일	사업명
2022.11	스타트업 육성 5개년 계획
2023.04	지역기업 공생형 비즈니스 도입·창업 촉진사업 보조금 공모
2023.06	경제 재정 운영과 개혁의 기본 지침(지브라 기업 개념 도입) (제2장 사회문제 대응을 위한 지속적인 경제성장 실현) 지역사회문제 해결 담당자로서 지브라 기업 창출, 투자 촉진, 산업 인프라 정비, 인적 투자, 임팩트 투·융자 확대를 위해 '지역문제 해결 사업 추진을 향한 기본 지침'을 근거로 선행 사례의 실증 지원 등을 실시
2023.06	새로운 자본주의를 위한 그랜드 디자인 및 실행계획 발표 (Ⅷ. 사회문제를 해결하는 경제 사회 시스템 구축) 지역사회문제 해결 생태계 구축을 위해 실증을 통한 지브라 기업 지원 검토, 스타트업과 지자체의 제휴 촉진, 디지털 전원도시 국가 구상 교부금 활용, 지역경제 순환 창출, 임팩트 투자 촉진 시행
2023.06	지역기업 공생형 비즈니스 도입·창업 촉진사업 보조금 관련 보조 사업자 채택
2024.03	지역문제 해결 사업 추진을 위한 기본 지침 발표
2024.06	지역문제 해결 기업 지원을 위한 생태계 구축 실증사업(지역실증사업) 20개 채택
2024.09	지역문제 해결 기업 지원을 위한 생태계 구축 실증사업(지역실증사업) 내용 안내
2025.03	성과보고서(종합성과보고서, 20개 지역 임팩트 보고서), 임팩트 측정 및 매니지먼트 툴 발표[57]
2025.05	중소기업 실태 조사 위탁비(지브라 기업 창출·육성을 위한 에코시스템 정착을 향한 지원·분석(임팩트 평가를 이용한 제휴·지원 실증 조사) 관련 기관 위탁계획 발표
2025.06	중소기업 실태 조사 위탁비(지브라 기업 창출·육성을 위한 에코시스템 정착을 향한 지원·분석(임팩트 평가를 이용한 제휴·지원 실증 조사) 관련 위탁기관 선정 발표
2025.07	지브라 기업 창출·육성을 위한 에코시스템 정착 지원·분석(임팩트 평가를 이용한 제휴·지원 실증 조사) 실증 지역의 모집 계획 발표
2025.09	지브라 기업 창출·육성을 위한 에코시스템 정착 지원·분석(임팩트 평가를 이용한 제휴·지원 실증 조사) 실증 지역 10개 선정

* 출처: https://www.chusho.meti.go.jp/keiei/chiiki_kigyou_kyousei/index.html

57) https://www.chusho.meti.go.jp/keiei/chiiki_kigyou_kyousei/2025/ecosystem_report.html

2. 정부의 로컬·지브라 기업 개념

일본 정부가 정의한 로컬·지브라 기업은 '사업을 통해 지역문제 해결을 도모하고 사회적 임팩트와 수익 창출을 동시에 달성하는 기업'이다.[58]

로컬이라는 표현이 앞에 붙은 만큼 미국 지브라 연합의 사회운동적 성격보다는 지역중심적 특성이 강한 정의이다.

로컬·지브라 기업은 경제적 주체지만 지역에서 중간지원조직 역할도 하며 주민, 외지인, 교육기관, 지자체, 데이터 사업자, 금융기관, 투자자 등과 다각도로 연결되는 모든 변화의 핵심 주체로 설정되어 있다.

〈그림 2-3〉 로컬·지브라 기업 생태계 및 가치 창출 구조

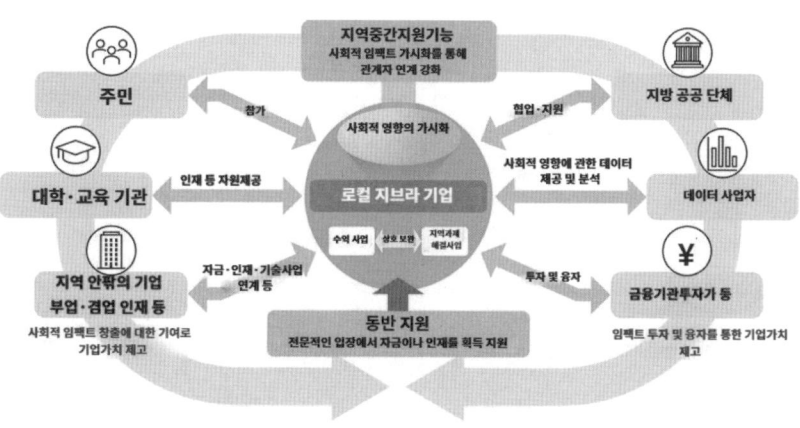

* 출처: 중소기업청(2024.03.01.: 5)

---

58) 중소기업청(2024.03.01)

〈그림 2-3〉의 기관 상호 간에 오가는 화살표는 돈과 사람, 데이터의 흐름을 나타낸다. (현실적으로 그 흐름이 원활하게 이어지기 어렵다는 것은 일단 차치하고) 모든 주체에게 사회적 임팩트를 촉진하라는 미션을 부여한 것으로 보인다. 또한 사회적 임팩트를 창출하기 위한 지역문제 해결 사업을 중장기적으로 안정적인 수익사업이 될 가능성이 높다고 평가하고 있다.

다만 '영리 추구를 하는 기업이 왜 이렇게 복잡한 활동을 해야 하는가, 이런 다양한 조정기능을 유능하게 수행할 수 있는 기업이 지역마다 존재하는가, 이런 로컬·지브라 기업을 통해 달성하고자 하는 사회적 임팩트의 실체는 무엇인가' 하는 의문에 대해서는 지금도 실증사업이 진행되는 상태, 즉 여전히 그 해답을 모색하는 과정이라고 볼 수 있다.

3. 지원방안

정부도 이런 의문에 대해 나름의 답을 제시하며 지원 방식(제도)도 제시한다. 이하에서는 정부가 발표한 기본 지침을 바탕으로 필요한 인재, 사업 가시화, 의사결정, 사회적 임팩트, 자본 부문에서 로컬·지브라 기업의 특징을 알아본다. 중소기업청은 이 5개 부분이 로컬·지브라 기업 활동의 핵심이라고 평가한다.

① 로컬·지브라 기업의 인재[59]

창업기, 성장기, 성숙기(지속가능기)별 적절한 인재상이 있으며 필요한 단계에 적절한 인재채용이 중요하다는 일반적 내용을 제시한다.

즉, 창업기에는 개발, 영업, 관리팀이 필요하고, 성장기에는 각 팀별 세분화가 이루어져 영업팀에서는 마케팅과 기획, 관리팀에서는 홍보, 경리, 인사 담당이 필요하며, 성숙기에는 개발팀이 기존 사업과 신규 사업 담당이 필요하고, 관리팀에 법무 담당을 추가하며, CEO 직속 경영기획실이 필요하다고 제시한다.

② 로컬·지브라 기업의 사업 가시화[60]

로컬·지브라 기업의 가시화는 정량·정성적으로 성과를 가시화하며 투명성을 확보하는 것을 의미한다. 이를 임팩트 측정 매니지먼트(IMM,

---

59) 중소기업청(2024.03.01: 15~18)
60) 중소기업청(2024.03.01: 18~20)

Impact Measurement Management)라고 한다.

③ 로컬·지브라 기업의 의사결정[61]

지역문제 해결 사업의 주체마다 의사결정구조가 다르다. 창업기에는 전체 구성원간의 미션 공유가 필요하고, 사업 성격에 맞는 조직 형태를 선택해야 한다. 성장기에는 사업 확대 방안을 함께 검토하고 외부 인재를 영입하는 방안을 논의해야 하며, 성숙기에는 후속 세대 양성을 검토해야 한다.

④ 로컬·지브라 기업의 사회적 임팩트[62]

로컬·지브라 기업은 사회적 임팩트 창출을 위해 비전과 측정가능한 임팩트를 설정하고 측정해야 한다.

일본 정부가 로컬·지브라 기업을 통해 자본, 인재, 사업 가시화, 의사결정, 사회적 임팩트 창출 사업을 전개하면서 최종으로 달성하고자 하는 목표는 '지역 내외 관계자와 로컬·지브라 기업이 협력하여 사회적 임팩트가 큰 사업을 진행시키는 생태계를 구축하는 것'이다.[63]

그러나 너무나 당연한 내용이어서 별다른 특징을 찾을 수 없는, 정부의 일방적 선언에 가까운 내용들뿐이다. 정부 사업 초기 단계여서 그럴

---

[61] 중소기업청(2024.03.01: 20~21)
[62] 중소기업청(2024.09.30)
[63] https://www.glocom.ac.jp/events/report/10545

수도 있지만 '로컬·지브라 기업'이라는 새로운 고유명사 외에는 구체적인 내용을 발견하기 어렵다.

한편, 이런 일반성의 한계 극복을 위해 20개 지역에서 실증사업을 진행하며 지역과 기업 공존 모델을 모색하는 단계 정도라고 가늠해 볼 수 있기는 하다.

⑤ 로컬·지브라 기업의 자본

기업 활동은 어떻게든 자본이 필요하다. 가장 먼저 종잣돈(초기 자금, seed money)이 필요하고 사업하는 동안 많은 유동성 위기를 극복할 수 있는 안정적 자기 자본률을 유지해야 한다. 많은 기업은 지금 이 순간에도 기업 가치를 높여 성공적으로 엑싯(exit)[64]하고 싶어 한다.

일본 정부가 로컬·지브라 기업의 초기 단계에 제안하는 자금조달 방법은 일본정책금융금고의 신규개업자금, 소셜 비즈니스 지원 자금 등 저리 대출이나 크라우드펀딩(crowdfunding), 정부 보조금, 소셜 임팩트 펀드(social impact fund),[65] 블렌디드 파이낸스(blended finance),[66] 휴면 예금제도를 활용한 지역 임팩트 펀드, 사회적 임팩트 창출을 도모하는 벤처 캐피탈 이용 등이다(물론 자기 조달도 포함되어 있다).[67]

---

[64] 기업 발전 단계에서 엑싯은 스타트업이 기업공개(IPO)나 인수합병(M&A) 등을 통해 투자금을 회수시켜 주거나 사업 성과를 거두는 단계이다.
[65] 소셜 임팩트 펀드는 정부가 공공성이 높은 사업 운영을 민간에 맡기고 그 운영자금을 민간으로부터 모집하는 것이다.
[66] 블렌디드 파이낸스는 신흥 시장과 프론티어 시장으로의 민간 자본 흐름을 동원하기 위해 개발금융과 자선 자금을 전략적으로 사용하는 것이다.
[67] 중소기업청(2024.03.01: 13~15)

이어서 '신중해야 한다' 등의 내용으로 자금 조달에 대한 몇 가지 주의사항을 제시하고 있지만 이같은 자금 조달은 스타트업 일반이 활용하는 보편적인 방법이기 때문에 특별히 정부가 제시할 필요가 없는 너무 당연한 방법이다.

다만, 일반 투자·융자가 아니라 '임팩트' 투자를 좀 더 강조하며 제도 안으로 끌어들이려 하는 점과 로컬·지브라 사업의 자본 주체로 지역 금융기관을 강조하는 점은 이전 정부사업들에서 나타나지 않는 중요한 특징이다. 돈과 사람을 연결하는 생태계 형성의 중요성을 다른 어떤 정부사업보다 강조한다.

정부는 지역 금융기관, 지역 핵심 기업, 지방 공공단체가 로컬·지브라 사업의 중요한 '중간지원' 주체라고 강조하며 그 예시로 교토신용금고, 다베 그룹, 요코라보 등을 들었다.[68]

교토신용금고는 다른 신용금고와 함께 '소셜기업 인증제도 S 인증'을 개발하고, 자회사로 교신소셜캐피탈을 창설하여 지역 기업에 출자했다. 또한 기업 인증뿐만 아니라 지역 내외 기업간 커뮤니티를 형성하여 협업을 도모하도록 지원한다.

1460년 시마네현 운난시에 설립된 다베 그룹[69]은 자기 회사의 지식을 창업자에게 제공하는 것뿐만 아니라 그룹의 네트워크를 살려 지역 외의 다양한 분야 전문가와 지역을 연결하고, 지역 청년들의 창업 독려 등 중간지원 역할을 한다.

---

[68] 중소기업청(2024.03.01: 32)

[69] https://www.tanabeco.com/history/

지방공공단체로서 사이타마현 요코제마치가 운영하는 '요코라보'는 '일본의 도전하는 마을'을 콘셉트로 요코제마치 지역에서 지역 내외 기업·단체·개인이 지역문제를 해결할 수 있는 서비스를 실증하기 위한 장소 제공과 지원 활동을 한다.

제8장

실증지역과 과제

1. 사업 개요

중소기업청은 2024년 6월, 전국 20개 지역에서 '지역사회과제해결 기업 지원을 위한 생태계 구축 실증사업(지역실증사업)'을 시작했다. 이 사업은 로컬·지브라 기업이 지역 내외 관계자들과 협력하여 지역과제의 구조 분석 및 사회적 임팩트 가시화하는 선행사례를 만들고자 하는 사업이다.

총 예산액은 6억 엔(약 60억 원)이며 지역당 지원 상한액은 2,500만 엔 (약 2억 5천만 원)이고 1차 년도는 2025년 2월에 종료했다.[70]

---

70) https://www.hkd.meti.go.jp/hoksr/20240409/index.htm

2. 1차 년도: 20개 지역의 실증사업

2024년 1차 년도에는 일본 전국에서 5개 과제 해결을 위해 20개 지역을 선정했다. 5개 과제는 제조(5개 지역), 고용 및 공간 개선(4개 지역), 인재와 기업 육성(2개 지역), 주거 지원(3개 지역), 커뮤니티 창출(6개 지역)이며 로컬·지브라 기업과 협력기관으로서 지역의 중간지원조직이 연합하여 사업을 진행한다.

즉, 2개 이상 사업체가 함께 지역에서 과제 해결을 위한 사업을 전개한다. 1차 년도 1년간 지역의 사회과제를 정의하고 비즈니스 모델을 형성하는 과정으로 사업을 진행했다.

〈그림 2-4〉 로컬·지브라 실증사업 20개 지역

*출처: PwCコンサルティング合同会社(2025.03a: 14)

<표 2-3> 로컬·지브라 실증사업 20개 지역 개요

★: 간사 법인이자 로컬·지브라 기업 / 핵심추진주체로서 간사 법인만 각주에서 간략히 소개

연번	유형	지역	추진주체 (로컬·지브라 기업 및 지역중간지원조직)	사업목적
1	제조 (5개)	홋카이도 토카치 지역	★일반사단법인 토카치 우라호로 가쿠샤 (一般社団法人十勝うらほろ樂舍)[71] 타스키 합동회사(TASUKI合同会社)[72]	일본의 식량기지로서 홋카이도 토카치 지역의 리제너레이션 농업 전개 및 확대
2		시즈오카현 시즈오카시	★㈜티룸(株式会社TeaRoom)[73] ㈜시즈오카은행(株式会社静岡銀行)[74]	지역의 차(tea) 관련 정보 플랫폼 구축
3		후쿠이현 다카하마쵸	★㈜마치카라(株式会社まちから)[75]	이용하지 않는 물고기 등을 매입, 가공하여 부가가치를 부여하여 판매 (어업의 6차 산업화)
4		교토부 교토시	★일반사단법인 리리스(一般社団法人リリース)[76] ㈜원라이스 원수프(One Rice One Soup株式会社)[77]	일식문화산업을 교육하는 '기부형 러닝 저니' 활동 및 사업의 독자성과 지속성을 강조하는 '커뮤니티 기반 가이드라인' 개발
5		오키나와 미야코지마시	★㈜아오조라(株式会社青空)[78] ㈜앵커링 재팬(株式会社アンカーリンクジャパン)[79]	섬의 환경 변화와 아열대화를 역이용하여 경작 포기지에서 삼림재생형 농업 전개

71) 토카치 우라시호로 가쿠샤는 '사람, 마을, 자본 마을 만들기'를 표방하며 2020년 설립된 마을회사다(https://uragaku.or.jp).

72) https://tasuki-inc.studio.site

73) 주식회사 티룸은 일본차 생산, 판매, 컨설팅, 다도·일본차를 중심으로 문화 관련 사업을 전개하는, 2018년 설립된 회사다(https://tearoom.co.jp).

74) https://www.shizuokabank.co.jp

75) 주식회사 마치카라는 수산가공물을 중심으로 상품 기획, 개발, 판매, 마케팅, 각종 기획, 운영을 목표로 2019년 설립된 후쿠이현 다카하마쵸의 지역상사다(https://machi-kara.com).

76) 일반사단법인 리리스는 2012년 교토에서 설립된 기관으로서 커뮤니티 기반 사업을 전개한다(https://release.world).

77) https://www.onericeonesoupproject.com

78) 주식회사 아오조라는 2011년 오키나와에서 설립된 웹콘텐츠 회사다(https://aozora-okinawa.com).

79) https://anchorring-japan.co.jp

6	고용 및 공간 개선 (4개)	나가노현 시모타카이 군 노자와 온천 지역	★㈜노자와 온천기획(株式会社野沢温泉企画)[80] 일반사단법인 노자와 온천 마운틴 리조트 관광국(一般社団法人野沢温泉マウンテンリゾート観光局)[81]	유휴시설이나 빈집을 개보수하고, 마을에 부족한 기능(음식점 및 숙박시설) 추가
7		시마네현 오키군 아마쵸	★㈜릿토키친(株式会社離島キッチン)[82] ㈜오키 키센(隠岐汽船株式会社)[83]	지역 밖 청년을 지역에 불러들여 경험이나 도전시키는 '어른의 섬 유학' 사업 실시
8		시마네현 오타시 오모리지구	★㈜이와미긴잔생활관광연구소(株式会社石見銀山生活観光研究所)[84] ㈜와토와(株式会社ＷＡＴＯＷＡ)[85]	빈집을 중장기 체류용으로 개조하고, 숙박사업으로 투자 회수 후 주거용으로 활용
9		가고시마현 도서 지역	★㈜동지나해 작은 섬 브랜드(Island Company, 東シナ海の小さな島ブランド株式会社)[86] ㈜시마모리(島守株式会社)[87]	도시와 섬의 연대를 통해 일자리 창출 및 지역 활성화(농산물 상품화 및 브랜드화)

---

80) 주식회사 노자와온천기획은 2021년 노자와온천지역에 설립된 회사로서 건축, 부동산, 지역 개발 기획, 개발, 운영 및 컨설팅, 지역개발, 지역 활성화 컨설팅 등의 사업을 진행한다(https://www.nozawa-onsen.co.jp).

81) https://nozawakanko.jp

82) 주식회사 릿토키친은 2016년 도쿄에 설립된 회사로서 섬 특산품, 음식 소매업을 하는 회사로서 2019년 일반사단법인 릿토핫카텐(一般社団法人 離島百貨店)로 사명을 변경했다(https://www.rito-hyakka.jp).

83) https://www.oki-kisen.co.jp

84) 주식회사 이와미긴잔생활관광연구소는 2023년 시마네편 오모리지구에 설립된 회사로서 조합원 중심으로 공동사업을 실시하여 지역사회의 유지 및 지역경제 활성화에 기여하는 것을 목적으로 한다(https://hitomachi.iwamiginzan.jp).

85) https://watowa.club

86) https://island-ecs.jp

87) 주식회사 동지나해 작은섬브랜드는 2012년 가고시마 사쓰마센다이시에 설립된 회사로서 제1차 산품 생산·가입·소매, 통판·지역 산품의 도매, 숙박 시설 운영, 음식점 기획 운영, 공공 시설 관리·운영, 관광 가이드·렌탈, 이벤트·기획·디자인, 지역 브랜딩, 부동산 관리·운용·건축 디자인 감수, 출판, 강연 등을 한다(https://island-ecs.jp/shimamori).

10	인재와기업육성(2개)	미야기현 센다이시	★㈜제로투원(株式会社zero to one)[88] 일반사단법인 임팩트 파운데이션 재팬(一般社団法人IMPACT Foundation Japan)[89]	AI-Ready 인재 육성과 경영층 대상 교육 프로그램 개발
11		이시가와현 노토 지역	★㈜미소기가와(株式会社御祓川)[90] ㈜노톳구(株式会社ノトツグ)[91] ㈜노토푸드(株式会社能登風土)[92] ㈜미라이니(みらいに株式会社)[93]	지역 경영자가 지역 과제나 경영 과제에 대해 논의의 장을 창출하고, 기업 육성 지원
12	주거지원(3개)	미야기현 센다이시 마루모리정	★㈜와쇼이랩(株式会社Wasshoi Lab)[94] ㈜큐테스토(株式会社キューテスト)[95]	개인의 성장 및 가사·육아 부담 경감을 위한 서비스 제공
13		아이치현 나고야시	★㈜치토세건설(千年建設株式会社)[96] ㈜라이브 이퀄리티 오오야상(株式会社 LivEQuality大家さん)[97]	싱글맘 가구용 물건을 리노베이션하여 저렴한 가격으로 제공
14		구마모토현 구마강 유역	★공익재단법인 지방경제종합연구소(公益財団法人地方経済総合研究所)[98] 합동회사 코비토야(合同会社木人舍(구마가와(球磨川))[99] ㈜야마토타케루(株式会社山都竹琉(白川·緑川流域)[100]	지역 공동유역 치수와 연동하여 산업 활성화, 로컬·지브라 기업 발굴 및 지원

---

88) 주식회사 제로투원은 2016년 미야기현 센다이시에 설립된 회사로서 온라인 콘텐츠 제작과 컨설팅을 주로 수행한다(https://zero2one.jp).

89) https://intilaq.jp

90) 주식회사 미소기가와는 1999년 이시가와현 나나오시에 민간자본만으로 설립된 마을만들기 전문회사다(https://misogigawa.com).

91) https://www.noto-t.com

92) https://www.notofood.com

93) https://www.miraini.co.jp

94) 주식회사 와쇼이랩은 2016년 미야기현 센다이시에 설립된 회사로서 지역의 주요 기관이 참여하여 공공 컨설팅, DX 추진, 관광, 신규 사업 개발 등의 사업을 전개한다(https://wasshoilab.jp).

95) https://cutest.biz

96) 주식회사 치토세건설은 1983년 아이치현 나고야시에서 창립한 건설회사다 (https://chitosekensetsu.co.jp).

97) https://livequality.co.jp/ooya

98) 공익재단법인 지방경제연구소는 1989년 구마모토현 구마모토시에 설립된 지역경제전문 연구소다(https://www.reri.or.jp).

99) https://kobitoya.jp

100) https://tinyurl.com/2yfckz4h

15		가나가와현 오다하라시 하코네쵸, 마쓰다쵸	★㈜쇼난벨마레풋살클럽(株式会社湘南ベルマーレフットサルクラブ)[101] ㈜미료쿠리에(株式会社ミリョクリエ)[102]	연결을 바탕으로 한 지역 과제 해결을 도모하는 지역 인재 육성
16	커뮤니티 창출 (6개)	교토부 교토시	★일반사단법인 소셜기업인증기구(一般社団法人ソーシャル企業認証機構)[103] ㈜株式会社ROOTS[104] 유코쿠대학 유누스 소셜 비즈니스 리서치 센터(龍谷大学ユヌスソーシャルビジネスリサーチセンター)[105] 교토신용금고(京都信用金庫)[106] 유한회사 세멘토프로듀스디자인(有限会社セメントプロデュースデザイン)[107]	도시지역 기업과 지역 내 자연 자원 및 전통문화를 접목한 지역과제 해결 사업화
17		교토부 단고 지역	★㈜우에다본사(株式会社ウエダ本社)[108] ㈜교토스타일(京都スタイル株式会社)[109] ㈜로컬 플래그(株式会社ローカルフラッグ)[110] 교토북도 신용금고(京都北都信用金庫)[111]	지역 기업의 가치를 중심으로, 정보 제공과 현장 조성을 통해 지역기업간 커뮤니티 형성
18		가나가와현 미토요시	★합동회사 지다이오쿠레(合同会社時代おくれ)[112] ㈜세토우치웍스(瀬戸内ワークス株式会社)[113]	지역 내외를 연결하는 장소, 지역 경영자 간의 논의의 장 등 마을의 허브 형성

---

101) 주식회사 쇼난벨마레풋살클럽은 가나가와현 오다와라시에 설치된 지역 풋살 클럽이다 (https://www.bellmare-futsal.com).

102) https://mirocrea.co.jp

103) 일반사단법인 소셜기업인증기구는 교토시에 설립된 사회적 임팩트 등을 기준으로 사회적기업을 평가·인증하는 조직이다(https://besocial.jp).

104) https://rootsinc.co.jp

105) https://ysbrc.ryukoku.ac.jp

106) https://www.kyoto-shinkin.co.jp

107) https://www.cementdesign.com

108) 주식회사 우에다본사는 1938년 교토에 설립된 회사로서 환경을 생각하는 종합상사다 (https://www.ueda-h.co.jp).

109) https://kyotostyle.jp

110) https://local-flag.co.jp

111) https://www.hokuto-shinkin.co.jp

112) 합동회사 지다이오쿠레는 2020년 설립된 마을공간재생 전문회사다 (https://tinyurl.com/29fsu89k).

113) https://setouchiworks.jp

19	가고시마현	★㈜무스히(株式会社musuhi)[114] 특정비영리활동법인 사쓰마 리더십 포럼 SELF(特定非営利活動法人薩摩リーダーシップフォーラム SELF)[115]	스터디 그룹 등을 통해 지역 경영자의 비전 확장, 신규 사업이나 고용 지원
20	오키나와현	★㈜우무상랩(株式会社うむさんラボ)[116] ㈜케이쓰리(ケイスリー株式会社)[117] 일반사단법인 디자인 이노베이션 오키나와(一般社団法人デザインイノベーションおきなわ, DIO)[118]	경제적 이익과 사회적 임팩트를 창출할 수 있는 기업가나 경영자 육성

* 출처: PwCコンサルティング合同会社 (2025.03a: 16~17)

---

114) 주식회사 무스히는 2021년 가고시마현 기리시마시에 설립된 회사로서 SDGs 전문 프로그램 기획 및 운영, 컨설팅을 수행하는 회사다 (https://musuhi.earth).

115) https://self-kagoshima.org

116) 주식회사 우무상랩은 2018년 오키나와에 설립된 회사로서 SDGs 전문 프로그램 기획 및 운영, 컨설팅을 수행하는 회사다(https://umusunlab.co.jp).

117) https://www.k-three.org

118) https://www.dio.okinawa.jp

3. 5개 부문의 지역과제

로컬·지브라 실증사업에서 제시한 5개 과제는 제조, 고용 및 공간 개선, 인재와 기업 육성, 주거 지원 그리고 커뮤니티 창출이다.

1) 제조: 1차 산업의 발전

첫째, '제조' 부문은 주로 1차 산업과 환경위기에 대한 대응사업이다. 구체적으로는 농부가 부족하고, 고령화되고, 농업을 할 수 있는 산업 구조가 부실하다는 문제가 있다. 특히 원료, 비료, 유가 상승 때문에 공급망 유지가 곤란한 것이다. 아울러 자연환경 피폐화에 대한 대응도 필요하다.

이러한 문제 해결을 위해 5개 지역을 선정했는데 환경재생형 농업과 삼림재생형 농업, 지역주력 상품 관련 정보 플랫폼 구축 및 생태계 형성, 6차 산업화 등을 추진하는 지역들로 구성되어 있다.

홋카이도 토카치 지역은 다양한 파트너와 협업하여 리제너레이티브 농업(Regenerative Agriculture, RA, 환경재생형 농업)을 발전시켜 식량 자급률을 향상시키고자 한다. 임팩트 KPI(성과지표)는 ① 2050년까지 홋카이도 지역 온실효과가스 배출량 0, ② 2045년까지 토카치 지역의 농협, 농가, 농지 면적 30% 확보, ③ 화학비료 사용률 30% 감소, ④ 화학농약 50% 감소를 제시했다.

간사기업으로서 '토카치 우라호로 가쿠샤'는 지역 농업 현실에 대한 파악을 기반으로 RA도입 농가를 늘리고, 테스트 재배를 확대하고, 농법 변경시에 발생할 수 있는 수확량 감소 위험성에 대비하며, RA 지표 설정, 판로 개척, 생산자와 커뮤니티 구성, 파트너 협업사 연결 그리고 지역내 소셜 임팩트 펀드와 카본 크레딧 창출 등을 향후 과제로 제시했다.

2) 고용 및 공간 개선: 공간 개조와 일자리 확보

둘째, 제조 부문이 1차 산업의 위기에 대한 대응 중심이었다면, 고용 및 공간 개선 부문은 지역의 인프라와 시설 노후로 인한 유지 및 개보수의 어려움, 계절 편중 관광업으로 인한 연중 일자리 확보의 어려움, 유휴 시설 증가로 인한 부동산 거래 비활성화 등 공간, 관광, 일자리 문제에 대한 대응을 목적으로 한다.

이러한 문제 해결을 위해 유휴공간을 개선하여 음식점이나 숙박시설 건립, 성인의 섬 유학 기획, 지역 농산물 상품과 및 브랜드화를 통해 지역 환경을 개선하고 새로운 일자리를 창출하는 지역들로 구성되어 있다.

주식회사 이와미긴잔 생활관광연구소는 시마네현 오타시 오모리지구에서 로컬·지브라 실증사업을 기획했다. 구체적으로는 빈집을 중장기 체류용으로 개조하고, 숙박사업으로 투자 회수 후 주거용으로 활용한다.

3) 인재와 기업 육성: 기술인재 확보

셋째, 인재와 기업 육성은 주로 기술 인재 육성과 사업 고도화의 중요성을 강조한다. 희망 직종 부족 및 처우 문제로 인해 양질의 고용이 부족하고 업무 효율성 및 부가가치 생산 부족으로 이어져 DX(디지털화) 추진이 지연된다는 문제의식이다. 이러한 문제 해결을 위해 AI-Ready 인재 육성 프로그램이나 지역 경영자 혁신 지원을 실시한다.

4) 주거 지원: 취약층 지원 및 유역 발전

넷째, 주거 지원은 안전성 저하 및 고립 심화로 지역 커뮤니티 활력 저하가 발생하고 재해에 대한 취약성이 커져 지역 회복력이 저하되는 문제에 주목한다. 이러한 문제 해결을 위해 육아 세대 지원 및 강 유역 지역의 산업 활성화를 도모하는 지역들로 구성되어 있다.

5) 커뮤니티 창출

다섯째, 커뮤니티 창출 부문은 차세대 인재나 고도의 기술을 보유한 인재가 부족하고 한정적인 지역 내외 협동 체계로 인해 협동이 활성화되어 있지 않다는 것이다. 이 부분은 약간 셋째의 인재와 기업 육성 부문과 (인재 육성 측면에서) 중첩되기도 한다. 또한 전체 20개 지역 중에 6개 지역이 참여하여 규모 면에서 가장 큰 비중을 차지하는 부문이다.

이러한 문제 해결을 위해 전통문화의 사업화, 지역기업간 커뮤니티 조성, 마을 허브 형성, 기업가 육성 등을 시행하는 지역이 참여한다.

제3부

로컬 임팩트 구현 조건

치열한 생존 경쟁이 공정한 것도 아니고, 생태계를 구성하는 개체가 스마트한 것도 아니다.
녹조처럼 자기 파괴적인 개체도 흔하다.
생태계에 대한 과도한 환상이 자칫 심각한 재앙의 원인이 될 수도 있다.
(이덕환)

[도입]

제1부의 기업 가치의 다차원성에 대한 논의와 제2부의 로컬·지브라 정책 소개에 이어 제3부에서는 실용적인 관점에서 지역적 가치 구현(로컬 임팩트, Local Impact)의 조건을 알아본다. 기업의 지역적 가치가 정책으로까지 구현되는 상황에서 과연 현실성과 확장성이 있는가를 확인하고자 한다.

기업의 다차원적 가치가 경제적·사회적·지역적으로 확장되고, 기업 형태가 지브라부터 유니콘까지 다양하고, 정책으로 로컬·지브라라는 새로운 기업 형태를 받아들인다는 것은 어떤 식으로든 삶의 공간이자 조건으로서 '지역'이 중요해진다는 의미다.

그러나 지역적 가치가 중요해진다는 당위적 평가와 별개로 실제로 지역에서 그런 가치를 인식하고 실천하는 기업이 많아지거나 그런 새로운 스타일의 기업활동이 지역을 더 낫게 변화시킨다는 것은 별개의 문제다. 생각으로는 착하게 살고 싶지만 현실에서는 그렇지 못한 것과 같은 자연스러운 현상이다.

그렇다면 지역에서 구체적으로 이윤 추구와 사회적 가치 실현을 포함하여 더 많은 지역적 가치를 창출하려면 실제로 어떻게 해야 할까. 연구팀은 그간의 연구결과를 토대로 지역의 변화, 로컬 임팩트를 창출할 수 있는 활동을 6개로 구성했다.

이 6개의 활동은 경제적 기업활동과 기업의 사회적 기여와 함께 로컬 임팩트 창출을 위해 반드시 필요한 것들이다. 어디나 지역이고 지역은 사람 사는 모든 곳을 의미한다는 점에서 이 6개 활동을 가로지르는 핵심가치는 '사람'이다. 어떤 사람과 어떻게 무엇을 하느냐에 따라 기업 활동은 로컬 임팩트가 커질 수도 있고 아예 임팩트를 만들지 못할 수도 있다.

제3부에서는 2장에 소개한 20개 로컬·지브라 실증사업의 특징을 6개 활동을 기준으로 살펴보고 아울러 우리나라에서 로컬벤처 활동이 활성화되기 위해 필요한 보완요소들을 알아본다.

제9장

의견 수렴과 지역 과제 맵핑

첫째, 의견 수렴과 지역 과제 맵핑(mapping, 도식화)은 로컬 임팩트 초기에 시행해야 하는 필수활동이다. 남녀노소 그리고 지역에 존재하는 다양한 주체를 폭넓고 깊게 인식하며 최대한 많은 사람의 이야기를 정기적으로 들으며 사업 방향을 전개해야 한다. 그리고 그렇게 파악한 내용을 일목요연하게 한눈에 파악할 수 있도록 체계화해야 한다.

이 과정은 철저한 공동 작업을 통해 일종의 지역 과제 체크 리스트를 만드는 것으로써 일반주민이나 단순 외지인이 전문가나 행정 실무자보다 정보나 지식은 적을 수 있을지 모르지만 생활 현장의 당사자들이라는 점을 강조한다.

그 과정에서 참여자들은 보통 때는 크게 의식하지 않았던 지역의 과제에 대해 깊게 공감할 수 있다. 즉 의견을 수렴하고 과제를 맵핑한 결과만큼 과정에서의 효능감도 크고 참여자의 공감대 범위가 확대되면 새로운 활동의 정당성을 확보할 수 있다.

1. 지역의 다양한 주체들

모든 지역이 지역발전의 총괄계획으로서 소위 마스터플랜(master plan)을 수립한다. 마스터플랜이 제대로 갖춰진 지역과 그렇지 않은 지역의 실행력은 큰 차이가 있다. 그러나 이 과정에서 필요한 것은 화려하고 멋진 계획이 아니다. 큰 지역이든 작은 지역이든 누구의 의견을 얼마나 듣고 계획을 세웠는가, 즉 사람 중심의 계획인가가 훨씬 더 중요하다.

앞서 살펴본 일본의 로컬·지브라 실증사업 지역에는 지역마다 간사 기업이 있다. 다수의 주체가 참여하여 실증사업을 진행할 때 핵심 실무자 역할을 하는 기업이다. 그들은 전문성이 우수할 수도 있고, 매출이 높은 기업일 수도 있고, 아예 마을 만들기 전문기업일 수 있다.

그러나 간사 기업만으로 로컬 임팩트가 저절로 만들어지는 것은 아니다. 지역에 일반 기업이 만들어져도 고용이 창출되던가 상권이 형성되던가 지역 기부가 늘던가 하는 변화가 저절로 이루어지지 않는 것과 유사하다. 따라서 기업뿐만 아니라 함께 하는 지역의 중간지원조직이 반드시 존재한다. 즉 실행력과 사업력을 높일 수 있는 적극적인 활동주체가 필요하다.

그리고 이들이 모여 가장 먼저 하는 일은 더 많은 지역주체들의 이야기를 듣는 것이다. 즉, 가장 중요한 것은 사업 진행 1년간 주민이나 지역 생산자의 이야기를 싹 훑다시피 반복해서 듣고 그것을 지역적 가치와 연결시켜 새로운 가치를 찾아내는 과정이다. 공급자나 엘리트 중심이 아니라 지역 생활인의 수요에 밀착시킨 과제 발굴 과정을 통해 현실성 높은 과제 발굴과 해결 방안을 도모하는 것이 로컬·지브라 실증사업의 핵심 취지인 것이다.

그런데 지역에는 〈표 3-1〉처럼 18개 종류의 다양한 주체들이 있다(물론 넓게 보면 자치회, 부인회, 노인회, 청년단체도 직능단체[119]이지만 현장에서 실감할 수 있는 단위를 중심으로 구분하면 18개 종류의 주체가 있고 일본도 명칭은 다를지언정 구성은 비슷하다).

예전처럼 주민과 관광객(외지인)으로 단순 구분할 수 없는 많은 주체들의 활동과 이해관계가 역동적으로 어우러지는 곳이 지역이다. 당연히 다양한 사람들을 한곳에 모아서 혹은 일일이 찾아다니며 의견을 들어야 한다.

물론 의견을 확인하기 위해서는 일단 모든 가능성을 열어두고 최대한 의견을 수집할 수도 있지만 응답자가 생각하지 않고 바로 대답할 수 있는 친절하고 상세한 질문을 준비해야 한다.

그리고 그 과정은 일회적이지 않고 반복적이어야 한다. 일반 기업 활동으로 보면 소비자 조사만 하면 끝날 것 같은 작업이지만 로컬벤처로서 혹은 기업의 지역적 가치를 찾을 때에는 다양한 사람들의 수요를 어떻게 얼마나 자세히 파악하고 반영하는가에 따라 사업의 기회나 좋은 계획이 만들어질 수 있는 가능성이 높아진다.[120]

---

119) 직능단체는 직업이나 직능, 지위별로 조직된 단체를 의미한다.
120) 지역의 효과적인 전략수립방법에 대해서는 柳原秀哉(2021), 枝廣淳子(2021) 참조.

〈표 3-1〉 지역의 다양한 주체

대분류	중분류	내용
핵심 주체	① 일반 주민	남녀노소
	② IJU턴	이주자
	③ 핵심 직능단체	방위협회, 바르게살기위원회, 새마을운동조직, 자율방재단, 자율방범대, 자원봉사단체
	④ 주민자치회	주민자치위원회, 주민자치회
	⑤ 부인회	
	⑥ 노인회	
	⑦ 청년회	4H
	⑧ 일반 상인/상인회	기회형 창업자, 생계형 상인(소상공인, 자영업자)
	⑨ 협동조합/사회적 기업	
	⑩ 마을기업	지역상사
공공부문 주체	⑪ 이장	
	⑫ 중간지원조직	각종 센터
	⑬ 공무원	
	⑭ 자치단체장	
	⑮ 시군구의원	
	⑯ 국회의원	
이동 주체	⑰ 속지 관계인구(지역내 외지인)	① 업무(파견), ② 진학, ③ 군복무, ④ 외국인노동자, ⑤ 출향민
	⑱ 속인 관계인구(지역밖 외지인)	⑥ 관광(1회 or 반복 방문), ⑦ 온·오프라인 지역상품 구매자, ⑧ 기부, ⑨ 행사 참여, ⑩ 자원봉사, ⑪ 지역 내외 협업/학습회, ⑫ (1개월 이내) 단기 체류, ⑬ (1개월 이상) 장기 체류, ⑭ 두 지역 거주자

* 출처: 저자 작성

2. 지역의 경제 주체

그렇다면 로컬 임팩트 창출 과정에서 가장 주도적으로 움직이는 기업 형태에 대해서도 알아보자. 우리나라의 법적인 기업 형태는 창업기업, 초기창업기업, 중소기업, 벤처기업 등이 있지만 일반 사회에서는 로컬크리에이터, 소셜벤처, 로컬벤처라고도 표현된다. 여기에 더하여 2025년 제정된 「마을기업 육성 및 지원에 관한 법률」이 2026년 8월 15일부터 시행되면서 '마을기업'이라는 새로운 부문이 법적으로 등장했다(물론 '법적'으로 호명된 것일 뿐 마을기업은 오랫동안 존재해왔다).

이쯤에서 지역과 관련된, 지역에서 활동하는 경제 주체의 정의를 정리할 필요가 있다. 그냥 알아보자는 것이 아니라 법적 근거를 따져보아야 한다. 법적 근거가 없이는 그 어떤 사회활동도 지속하기 어렵기 때문이다.

일단 정리해보니 각 개념간 차이가 별로 없다. 물론 이 개념들을 하나로 강제적으로 합칠 필요는 없지만 개념이 너무 비슷하기 때문에 혼란스럽긴 하다. 아울러 관련 조례도 거의 없다. '로컬크리에이터' 지원조례는 9개(거제, 경기, 경북, 경주, 구미, 서울 서대문구, 인천, 충남, 횡성), '소셜벤처' 지원조례는 2개(서울시, 서울 성동구), '로컬벤처' 지원조례는 1개(강원특별자치도), 나머지는 벤처 지원조례의 극히 일부분으로 소셜벤처 지원을 다루는 조례가 6개가 있을 뿐이다. 누가, 어떻게, 무엇을 할 수 있을지 여전히 불확실하다.

<표 3-2> 지역 경제 주체의 개념

개념	정의	정의 시기	근거
창업기업	'중소기업을 창업하여 사업을 개시한 날부터 7년이 지나지 아니한 기업(법인과 개인사업자를 포함한다)'	2021년	「중소기업창업지원법」제2조
초기창업기업	'창업하여 대통령령으로 정하는 기준에 따른 사업을 개시한 날부터 3년이 지나지 아니한 창업기업'	2021년	「중소기업창업지원법」제2조
재창업기업	'재창업하여 사업을 개시한 날부터 7년이 지나지 아니한 기업'	2021년	「중소기업창업지원법」제2조
청년창업기업	'창업기업 대표자의 연령이 39세 이하인 창업기업'	2021년	「중소기업창업지원법」제2조
중장년창업기업	'창업기업 대표자의 연령이 40세 이상인 창업기업'	2021년	「중소기업창업지원법」제2조
벤처기업	'중소기업으로서 투자금액의 합계가 차지하는 비율이 대통령령으로 정하는 기준 이상의 기업. 벤처기업 확인기관으로부터 해당 요건을 갖춘 기업'	2020년	「벤처기업 육성에 관한 특별법」제2조
로컬크리에이터	'지역의 유산·특성 등에 혁신적인 비즈니스모델을 접목하여 창업한 (예비)창업가'	2019년	중소벤처기업부 창업생태계조성과(2019.10.11.)
소셜벤처	'1. 기업이 추구하는 사회적 가치가 구체적이고 실현가능성이 있을 것 2. 기업이 보유한 기술의 혁신성과 시장 전망 등에 따른 사업의 성장성이 충분할 것 3. 그 밖에 중소벤처기업부장관이 정하여 고시하는 요건을 갖출 것'	2021년	「벤처기업육성에 관한 특별법 시행령」제11조
로컬벤처	'「중소기업기본법」제2조에 따른 기업으로서 지역의 잠재적 가치를 기반으로 기업 경쟁력 강화와 지역경제에 기여하는 지역 소재의 본사나 사업장을 둔 사업체'	2021년	「강원특별자치도 로컬벤처기업 육성 및 지원조례」제2조
마을기업	'마을 주민이 주도하여 지역자원을 활용한 수익사업을 통하여 소득과 일자리를 창출하고 지역 문제를 자발적으로 해결하는 사업체'	2025년	「마을기업 육성 및 지원에 관한 법률」제2조

* 출처: 저자 작성

〈표 3-3〉 9개 지자체의 로컬크리에이터 정의 현황(2024.01~2025.09)

시행일	근거 조례	정의
2024.02.19	「경상북도 로컬크리에이터 육성 및 지원 조례」제2조	'경상북도의 자연적·문화적 특성에 혁신적 아이디어를 결합하여 사업적 가치를 창출하는 창업자'
2024.12.30	「충청남도 로컬크리에이터 육성 및 지원에 관한 조례」제2조	'충청남도의 자연적·문화적 특성과 아이디어를 결합하여 지역 문제를 해결하거나 새로운 경제적 가치를 창출하는 자'
2025.01.02	「거제시 로컬 크리에이터 육성 및 지원 조례」제2조	'지역의 자연환경, 문화적 자산 등을 소재로 창의성과 혁신을 통해 사업적 가치를 창출하는 창업가'
2025.03.13	「경주시 로컬크리에이터 육성 및 지원에 관한 조례」제2조	'지역의 자연환경, 문화적 자산 등을 소재로 창의성과 혁신을 통해 사업적 가치를 창출하는 자'
2025.07.07	「인천광역시 동구 로컬크리에이터 육성 및 지원에 관한 조례」제2조	'지역의 자연환경, 문화적 자산 등을 소재로 창의성과 혁신을 통해 사업적 가치를 창출하는 자'
2025.07.09	「서울특별시 서대문구 로컬크리에이터 육성 및 지원에 관한 조례」제2조	'지역의 자연환경, 문화적 자산 등을 소재로 창의성과 혁신을 통해 사업적 가치를 창출하는 자'
2025.07.10	「구미시 로컬크리에이터 육성 및 지원 조례」제2조	'구미시의 자연적·문화적 특성에 혁신적 아이디어를 결합하여 사업적 가치를 창출하는 창업자'
2025.08.12	「경기도 기술기반 로컬크리에이터 지원 조례」제2조	'지역의 고유한 역사, 문화, 자연자원 등을 활용하여 지역의 경제적, 사회적 가치를 창출하는 자'
2025.09.30	「횡성군 로컬크리에이터 육성 및 지원에 관한 조례」제2조	'횡성군의 자연환경, 문화적 자산 등을 소재로 창의성과 혁신을 통해 사업적 가치를 창출하는 자'

* 출처: 저자 작성

〈표 3-4〉 9개 지자체의 로컬벤처, 소셜벤처 정의 현황(2024.01~2025.09)

시행일	근거 조례	정의
2023.06.11	「강원특별자치도 로컬벤처기업 육성 및 지원조례」제2조	「중소기업기본법」제2조에 따른 기업으로서 도에 잠재적 가치를 기반으로 기업 경쟁력 강화와 지역경제에 기여하는 강원특별자치도(이하 "강원자치도"라 한다) 소재의 본사나 사업장을 둔 사업
2020.05.19	「서울특별시 성동구 소셜벤처 육성 및 생태계 조성 지원에 관한 조례」제2조	1. '지속가능한 수익활동을 통해 사회적 가치를 실현하는 기업 또는 조직'
2023.12.29	「서울특별시 소셜벤처 지원에 관한 조례」제2조	1. '「벤처기업육성에 관한 특별조치법」제2조제10항에 따른 소셜벤처기업' 2. 사회적 가치란 「서울특별시 사회적경제 기본 조례」제3조제1호에 따른 가치
2025.04.25	「광주광역시 벤처기업 육성 및 지원 조례」제2조	'혁신적이고 지속가능한 경제 모델을 활용하여 사회적 가치와 경제적 가치를 통합적으로 추구하는 기업으로서 사회성, 혁신성 장성 등 법 제16조의10제1항에 따른 요건을 갖춘 기업'
2020.06.02	「인천광역시 벤처기업 육성 및 지원에 관한 조례」제2조	'혁신적이고 지속가능한 경제 모델을 활용하여 사회적 가치를 실현하는 기업'
2023.07.14	「대전광역시 창업 촉진 조례」제2조	'기술기반의 혁신 성장성을 가지고 사회적 가치와 경제적 가치를 동시에 추구하는 기업'
2021.07.30	「대전광역시 서구 창업 촉진 및 지원에 관한 조례」제2조	'기술기반의 혁신 성장성을 가지고 사회적 가치와 경제적 가치를 동시에 추구하는 기업'
2025.01.01	「화성시 사회적경제 육성 및 지원에 관한 조례」제2조	2. 「벤처기업육성에 관한 특별조치법」제2조제10항에 따른 기업' 3. 사회적 가치 가. 안정적인 양질의 일자리 제공 나. 환경의 지속가능성 보전 다. 사회적 약자에 대한 기회제공과 사회통합 증진 라. 지역사회 활성화와 공동체 복원 마. 경제활동을 통한 이익이 지역에 순환되는 지역경제 공헌 바. 그 밖에 공동체의 이익실현과 공공성 강화
2024.01.18	「전북특별자치도 사회적경제 혁신타운 설치 및 운영 조례」제2조	「벤처기업육성에 관한 특별조치법」제2조제10항에 따른 기업'

* 출처: 저자 작성

3. 주체의 수요를 구조화

지금까지 기업의 지역성을 확보할 수 있는 첫 단계로써 지역의 다양한 주체의 당사자성에 입각한 협력적 의제 발굴과 지역의 기업 주체가 좀 더 제도적으로 분명해져야 한다는 내용을 살펴보았다.

이 두 가지가 잘 실행된다는 것을 전제로 첫 단계에 해야 할 또 다른 작업은 각 주체들의 수요 혹은 지역의 과제를 한눈에 파악하기 쉽도록 구조화하는 것이다. 일본의 20개 실증지역은 시작단계에서 모두 이러한 작업, 즉 '문제정의 및 구조화'를 실시한다.

우리나라의 정부사업 시행지역도 마찬가지로 이런 작업들을 실시하는데 결국 현재 상태를 얼마나 알기 쉽게 파악하느냐의 문제로써 (그럴싸한 그림이 아닌) 철저한 현실 반영이 사업 성공에 핵심 요소라는 것을 보여준다.

〈그림 3-1〉 노토 지역에 청년이 남지 않는 이유

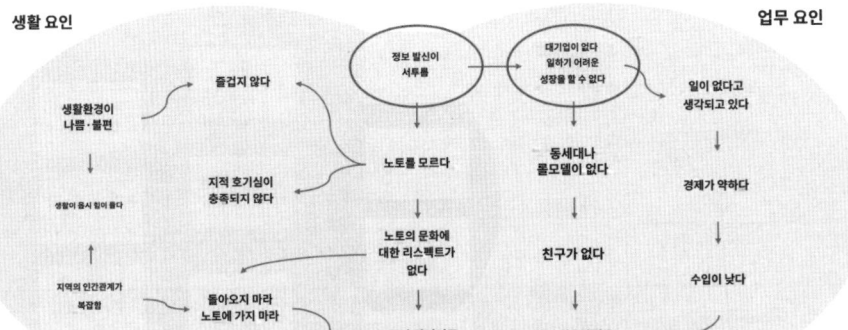

* 출처: 株式会社御祓川(2025: 6)

일본 노토 지역 사례를 보면 지역에 청년이 남지 않는 문제에 대해 다음과 같이 구조화한다. 대략 일반적이라는 느낌이 들고 한편으로는 우리나라와 너무 유사한 문제의식이라는 생각이 든다.

그런 관점으로 지역 기업에 인재가 부족한 이유를 다음과 같이 맵핑했다.

〈그림 3-2〉 노토 지역 기업에 인재가 부족한 이유

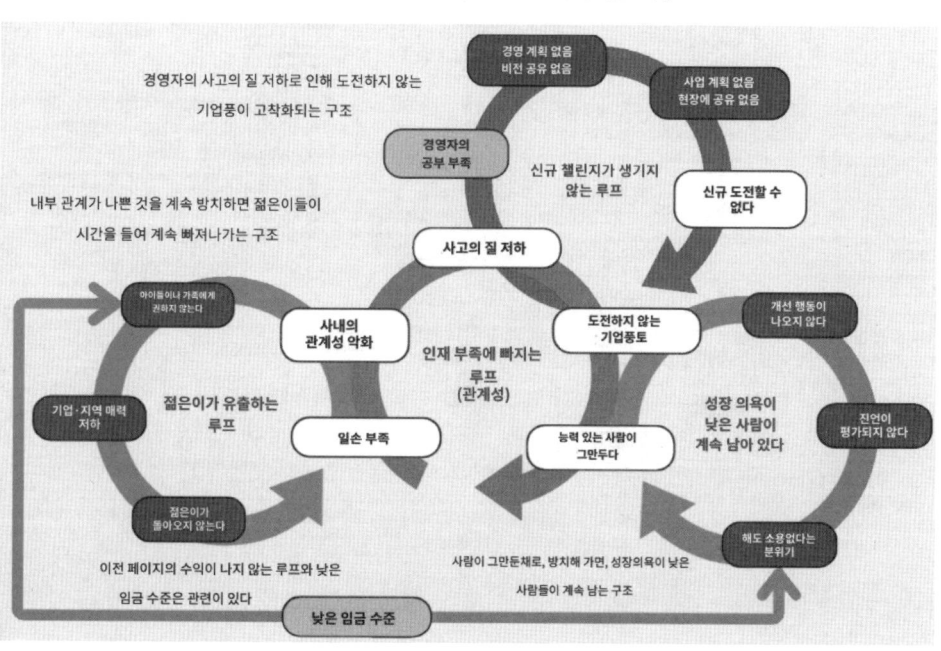

* 출처: 株式会社御祓川(2025: 6)

또 다른 사례로서, '주식회사 노자와 온천기획'의 로컬·지브라 실증 사업 비전은 '물과 사람이 잘 사는 농촌'이다. 이 지역은 3,400명이 거주하는 작은 온천마을로서 인재 부족 및 겨울에만 몰리는 계절 관광으로 상시적인 일자리가 부족한 과제에 직면해있다. 이 지역의 분야별 과제를 정리하면 다음 〈그림 3-3〉과 같다.

〈그림 3-3〉 노자와 온천 지역의 분야별 과제

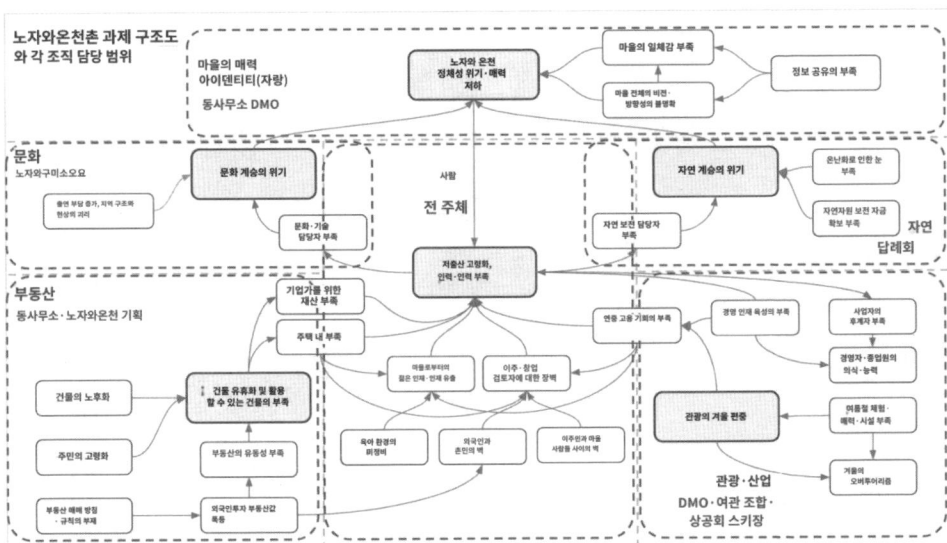

* 출처: 株式会社野沢温泉企画(2025: 3)

이러한 문제를 해결하기 위해 지역 시설을 개조하여 새로운 숙박시설과 문화시설을 만들어 관광 성수기인 스노 시즌(snow season)뿐만 아니라 비수기인 그린 시즌(green season)에 대비한 지역 활성화를 도모한다.

2011년 동일본대지진 피해지역인 미야기현 센다이시는 어떤 생애주기에서도 여성이 행복한 지역을 위해 여성들의 수요를 집중적으로 파악하여 〈그림 3-4〉처럼 과제와 대응방안을 구조화했다.

〈그림 3-4〉 육아세대 여성의 과제와 대응방안

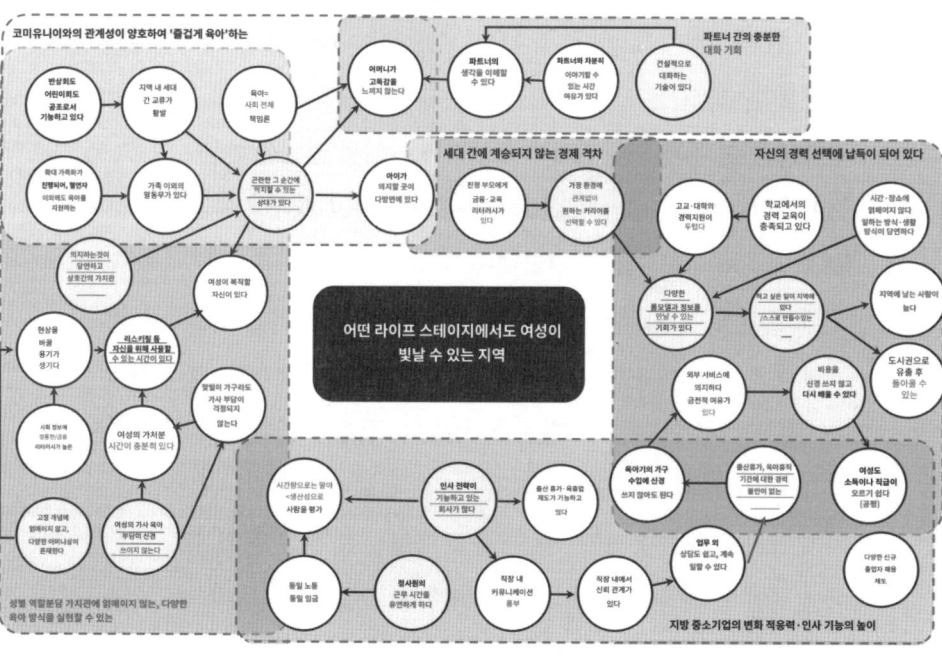

* 출처: 株式会社 Wasshoi Lab(2025: 5)

전국 8위 농업 규모를 자랑하는 홋카이도 토카치 지역에서 농업 발전을 도모하는 조직 '토카치 우라호로 가쿠샤'는 인구 감소, 수입 감소, 병충해, 기후 위기 등 환경 변화에 직면하여 RA를 추진한다. 토양을 살리고 자연환경을 회복시켜 지속가능한 농업을 추진한다는 것이다.

토카치 우라호로 가쿠샤는 1년간 이 사업을 추진하며 지역농가를 조사한 결과, 지역에서 이미 RA를 실시하는 농가가 많고, 정보공유에 대한 수요가 높은 것으로 나타나 생산자 페르소나(persona)가 분명해지면서 접근해야 할 수요층에 대한 이미지가 명확해졌다고 평가한다.

또한 생산자가 RA를 적극적으로 실현하기 위해 단계적으로 어떻게 접근해야 하는가를 우선 순위를 설정하여 접근할 수 있었고 여기에 연결할 수 있는 기업을 발견하여 생산자와 기업의 연결을 만들었다. 그 과정에서 100여 명의 능동적인 소비자를 발견하고 학습회 등을 운영하며 RA 농작물에 대한 수요도 확인했다.

교토의 로컬·지브라 실증사업은 교토의 일식문화산업에 집중한다. 특히 지역 고유의 문화 쇠퇴, 인재 부족, 일식 기피 현상 증가 환경에서 과제를 해결할 수 있는 구조를 구성하는 데 중점을 둔다.

또한, 일식문화를 산업에 직접적으로 관련된 음식점과 점주뿐만 아니라 식재료, 식기 등 도구, 공간, 기술, 유통업주, 부동산, 관광종사자, 공예품 장인 등 다양한 이해관계자의 의견을 수렴했다.

도시의 규모가 큰 만큼 다른 지역에 비해 상대적으로 많은 기업과 연구소가 참여했는데 거점기관으로서 '일반사단법인 리리스'는 일식문화산업을 교육하는 '기부형 러닝 저니(learning journey)' 활동 및 사업의 독자

성과 지속성을 강조하는 '커뮤니티 기반 가이드라인'을 개발했다.

주식회사 티룸의 로컬·지브라 실증사업은 시즈오카 지역의 차 산업 위기에서 시작되었다. 지역의 차 농가의 현실을 농가와 차 판매점들로부터 들여다보니 차 농가는 자신이 재배한 차가 어떻게 소비되는지조차 모르고 농가간 정보교류도 없어서 혁신이 이루어지기 어려운 구조였다.

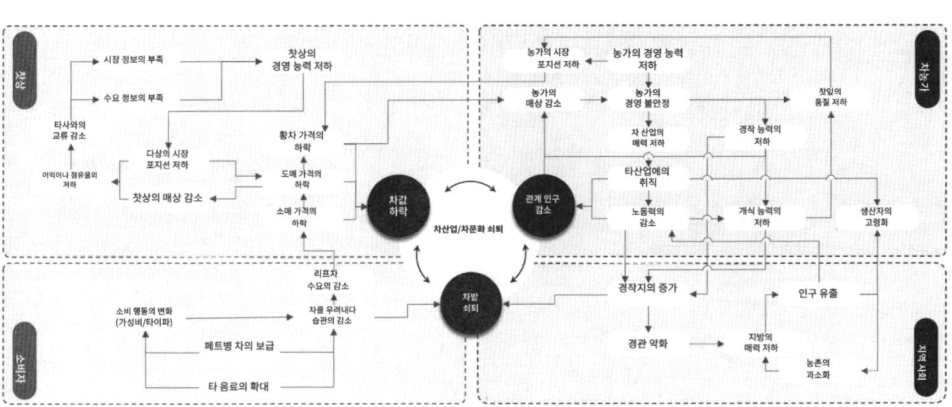

〈그림 3-5〉 시즈오카 차 산업의 위기 구조

* 출처: 株式會社TeaRoom(2025.02.28.: 7)

특히 차 생산, 1차 제조, 2차 제조, 상품 기획 및 가공, 도매, 소매, 소비에 이르는 과정에서 많은 주체들이 단절된 상태에서 정보공유가 전혀 이루어지지 않는 것이 핵심문제로 나타났다.

따라서, 이 사업의 미션을 차 값 상승으로 차 농가, 공동공장, 차 판매점 소득 향상, 관계인구 창출, 차밭 진흥의 선순환으로 전환시켜 차 문화를 지속적으로 지켜나갈 수 있는 상황으로의 전환이라고 정했다.

이처럼 누구를 만나 무엇을 파악하느냐에 따라 새로운 문제와 기회를 발견할 수 있다. 일견 매우 상식적인 이러한 '밑바닥 훑기' 과정이 실제로 이루어지는 경우는 별로 없다. 그저 목소리 큰 대표자들을 만나거나 인구 대비 극소수의 사람을 만나 형식적인 인터뷰를 하는 것에 그치고 만다. 혹은 단 한 번 물어보고 모두 파악했다고 단언한다.

충실한 지역조사 없이 새로운 계획 만들기는 불가능하다. 그리고 미래의 갈등을 완화하기 위해 남녀노소, 주민/외지인, 직업 유무에 관계 없이 끊임없는 대화가 축적되어야 한다. 한편으로는 인구 5천 명 이하의 작은 지역이라면 전수조사도 가능하다. 국가 단위의 거대한 인구 센서스로는 파악하기 어려운 실용적인 내용을 작은 지역에서는 상대적으로 단시간에 효율적으로 파악할 수 있다.

제10장

주체별 역할과 관계 구조화

둘째, 모두의 수요를 파악하고 그것을 한눈에 파악할 수 있도록 도식화하였다면 그 다음 단계는 누가 무엇을 할 것인가를 정리해야 한다. 주체별 역할과 관계를 구조화하는 것이다.

로컬 임팩트는 지역의 다양한 주체들이 참여하여 지역의 삶의 조건을 더 낫게 만드는 과정이다. 그러나 기업의 영리 활동, 행정의 공공사업, 제3섹터의 비영리 활동을 아우르는 포용적 활동이다. 돈도 벌어야 하고, 그 과정에서 좋은 일도 해야 한다는 의미다.

따라서 참여구조가 명확해야 한다. 구조가 불명확하면 혼란스럽고 생산적이기 어렵다. 나만 고생하거나 손해 본다는 생각이 확산되면 구조는 와해될 것이다. 적어도 심리적인 효능감, 즉 자부심이나 만족감이라도 있어야 반복적인 참여가 이루어진다.

한편으로는 거대한 구조로 움직이는 것보다는 추진 프로젝트마다

각 주체가 필요한 것을 얻고 이합집산하며 작은 성과라도 단단하게 축적하는 것이 더 효율적이다.

1. 지역 내외 기업 및 조직 구성

'주식회사 아오조라'는 오키나와 미야코지마시에서 섬의 환경 변화와 아열대화를 역이용하여 경작 포기지에서 삼림재생형 농업 전개하고자 한다. 우선, 지역의 경제, 산업, 문화, 주거, 자연, 환경 과제에 기반하여 해결방안으로서 고부가가치 작물 재배 및 브랜드화, 경작 포기지 재생, 신규 취농자 지원이 필요하다고 분석했다.

이러한 사업을 활성화하기 위해서는 기존 주체에 더하여 지역 내외의 농업부터 관광 전문기업의 협업 구조를 형성하는데 중점을 둔다. 즉, 기존 주체를 유지하며 새롭게 필요한 기업을 맵핑하였다.

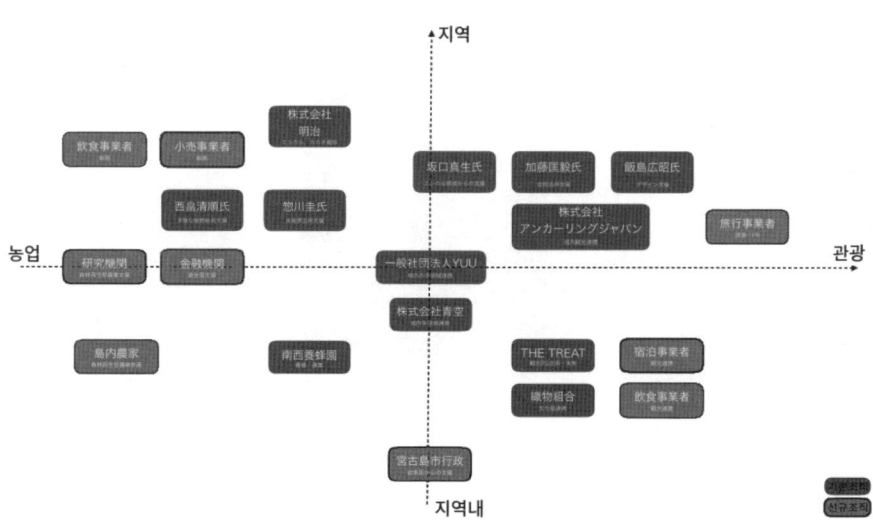

〈그림 3-6〉 미야코지마시 로컬·지브라 실증사업의 추진구조

* 출처: 株式会社青空(2025: 30)

2. 인적 자원의 흐름

홋카이도 토카치 지역의 지역과제해결 비즈니스 모델은 '사람과 사람의 매칭'을 중시한다. 특히 성수기에는 농가를 지원하며 커뮤니티 매니저도 함께 참여한다. 물론 새롭게 계획을 세우는 것도 중요하지만 기존의 구조와의 협업도 검토한 모델이다. 연결과 협업을 통해 변화를 도모하는 것이다.

〈그림 3-7〉 토카치 지역의 인적 자원을 활용한 지역과제해결 비즈니스

주체	제공/수취	외부 인재×농가의 코디네이트 사업	제공/수취	대상
대학생	① 애그리다이브 낮엔 농사, 밤엔 자기 탐구 노동력 → ← 체류비, 자기탐구프로그램	① 농업 코디네이트 ② 학습 투어리즘 코디네이트 (스터디 투어, 기업 연수) ③ 리제너레이티브 농가에 대한 각종 서비스 (판로 확대 지원, 고향납세 지원, 카본 크레딧 지원, 지역순환형 퇴비 제조 및 시비 지원)	입금 → ← 참가비	코디네이터 A마을
직장인	② 스터디 투어 농업체험형 투어리즘 참가비 →		← 참가비	B마을
기업	③ 기업 연수 아카데미아, 생명과 음식 학습 참가비 →		← 참가비	C마을
커뮤니티 회원	① 애그리다이브 낮엔 농사, 밤엔 자기 탐구 참가비 → ← 상품		상품 →	

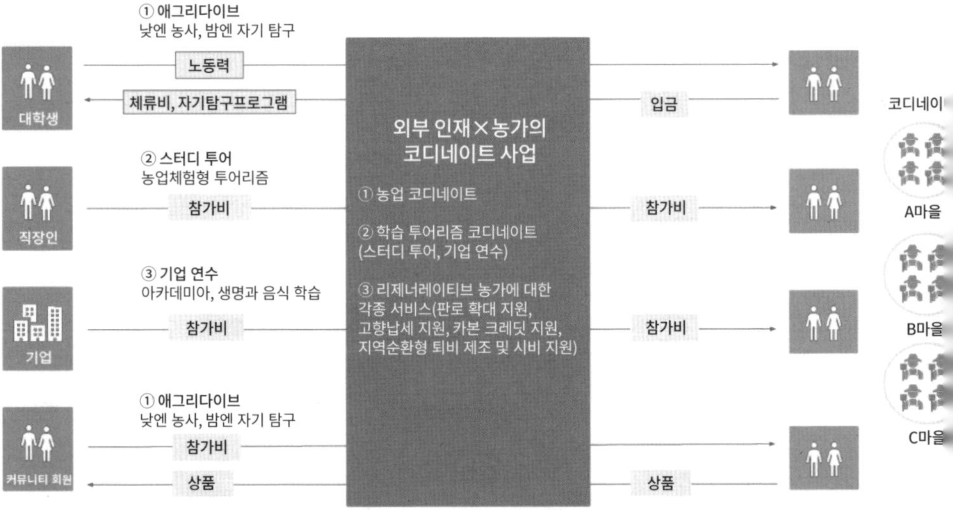

* 출처: 十勝うらほろ樂舎(2025: 15)

3. 지역경영 활성화 구조

'주식회사 마치카라'('마을로부터'라는 의미)는 후쿠이현 다카하마쵸에서 팔리지 않는 낮은 등급의 물고기 등을 매입·가공하여 부가가치를 만들어 판매하며 어업의 6차 산업화를 도모한다.

<그림 3-8> 다카하마쵸의 지역경영 활성화 구조

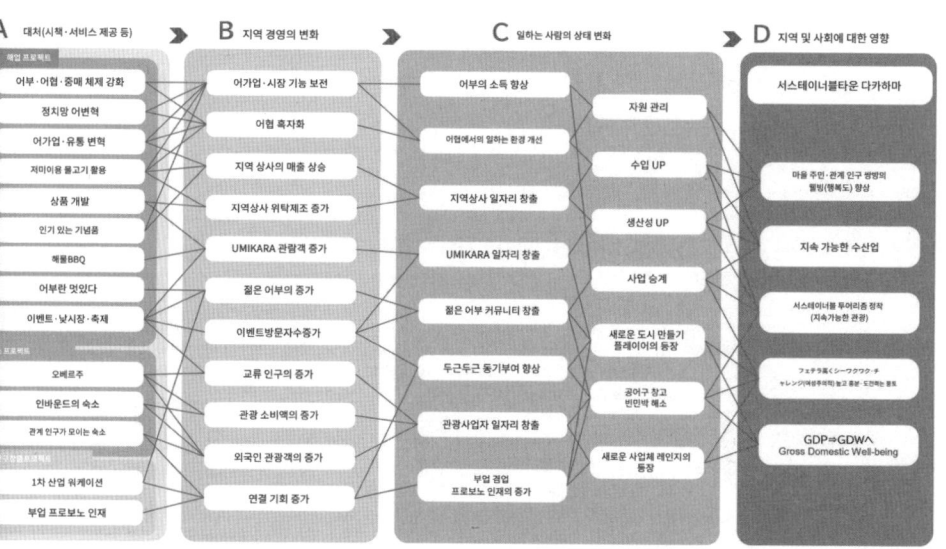

* 출처: 株式会社まちから(2025: 17)

로컬·지브라 실증사업 시작 전부터 지역에서 활발하게 어촌활성화 사업을 전개해 온 주식회사 마치카라는 실증사업을 진행하면서 어촌의 문제를 발견하고 체계적으로 구성했다. 어획량 제한, 어획량 감소, 인증시스템 부족, 노포 중개인 감소, 시장 기능 활성화 부족, 다양한 어종 맞춤형 가공장 필요, 판로 개척, 브랜딩, 어부 고령화, 사업 승계, 민박 서비스 개선, 체류 및 관광 활성화 등의 문제가 그것이다.

그 결과, GDP(gross domestic product)가 아닌 GDW(gross domestic well-being)를 높이며 지역의 경영구조를 구축하고 열정형 관계인구, 미션형 관계인구, 전문형 관계인구 등을 형성하여 지역관광 활성화를 도모한다.

이렇듯 지역기업이 수익도 창출하여 지역에 기여하기 위해서는 민관합자회사 네트워크가 형성되는 것이 관건이다. 간사기업 혹은 핵심주체로서 기업이 주민, 지자체, 건물주, 지역상인, 지역학교 그리고 방문객들과 연결될 수 있는 구조가 형성되어야 하는 것이다.

〈그림 3-9〉 민관합자회사와 지역주체들의 관계

* 출처: 저자 작성

그런 점에서 ㈜NOTE가 추진하는 지역지주회사 네트워크(일종의 조인트 벤처(Joint Venture))는 많은 시사점을 제공한다. 일본의 니포니아 마을호텔(NIPPONIA HOTEL) 사업체로서 지역의 전통가옥을 활용하여 마을호텔사업을 전개하는 '노트 주식회사'는 단일한 외부의 기업이 아니라 지역에 진출할 때 항상 마을만들기 회사를 신설한다.

<그림 3-10> 민관합자회사와 지역주체들의 관계

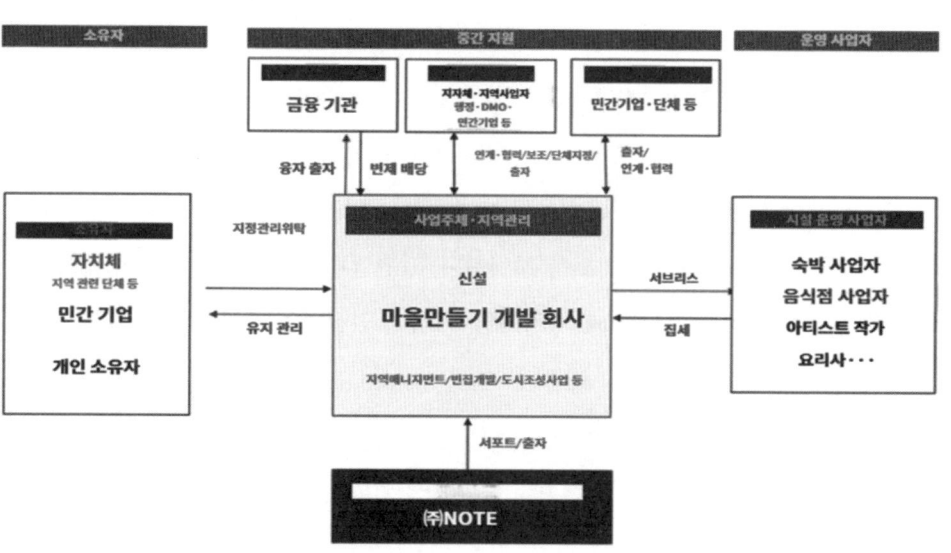

* 출처: https://team.nipponia.or.jp/about/

지역 현실을 잘 아는 상인이나 새로운 기업체 및 주민들과 네트워크를 형성하여 장기적인 관점에서 지역이 자립할 수 있는 구조를 만드는 것이다.

㈜노토는 사사야마성을 중심으로 빈집을 매입하여 11개의 복합숙박시설 네트워크를 만들었고 이 지역 마을호텔의 모토는 '한 번 방문하면 또 오고 싶어진다'이다. 그 결과 2021년 좋은 디자인상, 2022년 및 2023년 세계의 지속 가능한 관광지 Top 100으로 선정되었다.

㈜노토의 운영방식은 여러모로 눈여겨볼 필요가 있다. ㈜노토는 지방정부, 민간기업, 개인 소유자 등의 건물 소유주와 시설운영 사업자로서 숙박 사업자, 식음료 사업자, 아티스트 작가, 요리사의 사이에서 사업주체로서 지역마다 마을만들기 개발회사를 만들어 에이리어 매니지먼트(area management)를 하도록 지원한다. 지원형태는 주로 출자이지만 금융 대출, DMO, 행정연계 지역사업, 지역의 민간기업 출자나 협력 활동도 지원한다.

예를 들어 오즈 지역에서는 2018년 오즈시, ㈜이요은행 등이 참가하는 현내 최초 지역 DMO로서 일반 사단법인 키타 매니지먼트를 발족하여 마을만들기 기반을 구축했다. ㈜노토는 키타·매니지먼트가 역사적 건축 자산 관리를 위해 ㈜KITA와 제휴하여 지역의 빈집 활용을 진행한다.

2020년 2월, 재단법인 민간 도시 개발 기구(民間都市開発機構, MINTO 기구)와 (주)이요 은행이 공동 출자하여 '오즈 마을 만들기 펀드 유한 책임 사업 조합'이라는 민간 펀드도 조성했다. 이 펀드는 지역의 옛 주택이나 빈집을 재생하여 숙박 시설, 음식점, 상점으로 만드는 사업에 투자하는 것이 특징인데 ㈜KITA는 이 펀드의 제1호 수혜자가 되었다.[121]

---

121) ㈜노트의 활동에 대해서는 조희정·이영재·김영완(2025: 178~182) 참조.

제11장

E2C, 로컬 엑싯과 로컬 IPO

셋째, 과제 맵핑과 주체별 역할이 세팅되었다면 기업 활동의 기본이라고 할 수 있는 수익 창출방안을 모색해야 한다. 물론 일반적으로 상품을 개발하고 시제품을 만들어 소비자의 반응을 살펴보고, 본 제품이나 서비스의 생산·유통·판매 구조를 만들어 국내외의 판로를 개척하는 것이 일반적인 상업활동이겠지만 제11장에서는 기업 성장을 위한 관점에서 고려할 수 있는 새로운 개념을 소개하고자 한다.

바로 기업 성장단계에서 진행되는 기업 공개와 엑싯을 지역으로 향하게 하는 로컬 엑싯과 로컬 IPO이다. 일반적으로 엑싯(EXIT)은 '기업에 투자한 투자자들이 투자금을 회수하고, 이익을 얻는 것으로써, 기업 공개(IPO, Initial Public Offering)나 인수합병(M&A, Merger and Acquisition), 매각 등의 방법으로 이루어진다. 그 과정이 너무도 가혹한 경우도 있고, 서로가 서로에게 원원이 되는 경우도 있다.

다만, 많은 자본이 있는 소수에게 자본이 더욱 집중되는 일반적인 엑싯 외에 다수의 사람에게 자본을 효율적으로 배분하며 엑싯이 이루어질 수 없는가 하는 부분을 살펴보고자 한다. 즉 대규모 시장에서 부유한 소수에게 유리한 엑싯이나 IPO에 비해 지역의 금융과 수익 구조는 기대보다 훨씬 작고 복잡하기 때문에 지역 현실에 맞는 규모대로 진행되는 것이 효과적일 수도 있는 것이다.

따라서, 제11장에서는 비교적 새로운 개념이라 볼 수 있는 로컬 엑싯의 개념과 과정을 검토하면서 지역의 부를 늘리면서 물적 토대를 튼튼히 하고 커뮤니티도 활성화할 수 있는 방안을 알아본다.

1. E2C

E2C(Exit to Community)[122] 방식은 나단 슈나이더(Nathan Schneider)가 2018년 그의 저서 『Everything for Everyone: The Radical Tradition That Is Shaping the Next Economy』에서 제시한 개념으로서 '창업자나 기존 투자자 등 소수 주주가 소유하는 M&A나 IPO와 달리 커뮤니티 소유로 엑싯하는 것을 목표로 하는 방법'이다. 그는 E2C를 스타트업이나 조직의 제3의 전략이라고 주장한다.[123]

조직 형태보다는 조직의 원래 목적에 집중할 필요가 있고, 소셜벤처가 실력을 최대한 발휘하면서 공공선을 위해 공헌하기 위한 인센티브를 가질 수 있는 사회 실현을 위해 자금 조달이나 자본 배분 등을 어떻게 설계할 것인가를 구체적으로 고민해야 한다고 주장한다.

사회공헌을 표방하는 협동조합이나 기부재단이 소기의 목적에 집중하지 못하고 소수의 선한 기부에 의존하는 현실에서는 E2C 방법이 필요하며 그렇기 때문에 'Exit to Co-op(협동조합)'이 아니라 'Exit to Community'가 답이라고 주장한다. 조직 형태가 아니라 조직이 처음에 추구하고자 했던 가치에 초점을 맞추는게 중요하기 때문이다.

E2C를 적용한 사례로는 파이썬, Collab.land(DAO 툴 개발사), Ginkgo Bioworks 등이 있으며 유사한 제도로는 소유권 공유(Shared Ownership), 종

---

122) 우라시마 프로젝트에서는 반경 5km 이내의 지역에 있어야 커뮤니티로서 정체성을 유지할 수 있다고 판단한다(https://www.zebrasand.co.jp/3684).
123) 나단 슈나이더의 인터뷰(https://www.zebrasand.co.jp/3671)

업원 지주 제도(ESOP, Employee Stock Ownership Plan) 등이 있다.

일반적으로 기업의 엑싯은 일정 상장 조건에 맞춰 경영의 건실함을 지표로 제시하며 상장하여 주주를 모으고 그들의 주식 보유 현황에 따라 경영 개입력이 늘어나고 잘 경영하면 주가도 오르며 기업 가치가 오르는 방식으로 사업이 지속된다.

M&A는 유사 계열의 더 큰 회사나 기업 가치를 평가하는 자본력 있는 회사가 인수합병하는 것이다. 인수합병이 진행되는 조건은 그야말로 케이스 바이 케이스다.

서구에서는 일반적으로 기업의 90%가 IPO나 M&A를 적극적으로 시행하며 엑싯하지만 동양권에서는 가계 경영 전통 때문에 능동적 엑싯이 이루어지지 않고 통상적으로 가족 주주가 모든 주식을 보유하는 경향이 높다는 평가도 있다.

이것이 성장 기업의 일반적인 엑싯 경로로서 불특정 다수(혹은 소수) 주주 확보, 매각 등의 방법이라면 지역성을 지향하는 로컬·지브라 기업은 로컬 IPO, 즉 로컬로의 기업 공개를 지향하며 지역 내 주주를 확보하고자 하는 유형이다.

로컬·지브라 기업의 특성상 지역과 얼마나 밀착되는가, 지역 주민과 얼마나 가까운가 하는 지역성 유지가 기업 가치의 핵심이기 때문에 기업 유지와 성장에도 일반적인 엑싯이 아니라 로컬 IPO를 선호한다.

2. 우라시마 빌리지의 11개 상점 연합 비즈니스[124]

인구 6만 명의 가가와현 미토요시는 관광지다. 관계인구도 없는 조용한 지역이었는데 5년 전에 인스타그램을 통해 간조에 드러나는 바닷길 사진이 알려지며 '일본의 우유니 호수'로 유명해져 관광객이 급증하여 국내외에서 연간 50만 명이 방문한다.

그러나 숙박시설과 기타 인프라 미비로 당일치기 여행만 있었고 그마저도 팬데믹 이후 급감했다. 이에 11개 점포가 출자[125]하여 세토우치 빌리지 주식회사를 설립하여 숙박시설 '우라시마 빌리지(Urashima Village)' 운영하게 되었다.

2천 평의 너른 토지에 3개 동만 운영하는데 이처럼 거대한 숙박시설을 단일 기업 혼자 운영하기 어렵기 때문에 다양한 업종의 회사들이 장점을 살려 협업하는 셀프 프로듀스 방식으로 운영한다. 그러나 그저 숙소 신축 개념이 아니라 '사람을 의미 있게 수용하는 흐름이 생겼다'는 것을 강조한다.

'사회의 시간'이 아닌 '자연의 시간'을 콘셉트로 지역의 운송 서비스와 연결하여 교통 지원하며 전통 기법 계승, 100% 자연 에너지 사용, 지역산 목재로 가구 제작, 커뮤니티 공간, 카페, 지역상품점, 워케이션, 바다가 보이는 사우나 서비스를 패키지로 서비스하며 목공방 클래스, 우동 영재 클래스, 2박 3일 지역살이 안내 프로그램도 운영한다. 지역 내 순환

---

124) 우라시마 빌리지 사례는 더가능연구소(2023)를 재구성한 것이다.
125) 지역 회사 9개, 외부 회사 2개.

비즈니스 모델을 스스로 창출한 것이다.

<그림 3-11> 우라시마 빌리지의 11개 협업 회사

* 출처: https://urashimavillage.com/tour/

    이 외에 미토요시 내외의 22개 사는 '생활 대학'[126]을 공동 운영하며 지역에서의 생활 방법, 사업 만드는 방법 등 다양한 프로그램을 진행하여 새로운 창업자를 잇달아 배출하고 있다. 우라시마 빌리지의 연간 가동률은 60%, 여름 가동률은 90% 이상이며, 숙박시설 외에도 음식 사업이나 교통사업 등 70개 이상의 로컬 비즈니스가 탄생했다.

---

126) https://kurashinodaigaku.jp/

3. 소유권과 경영권 분리를 통한 로컬 엑싯

우라시마 빌리지 경영진은 2024년부터 관계인구를 주주인구로 만드는 '우라시마 프로젝트'[127]를 시작하여 2024년 9월부터 2025년 1월까지 4개월간 100명으로부터 1억 천만 엔을 모았다.

이 프로젝트에는 지역 주민과 관계 인구 외에도 주주 인구로서의 일반 투자자뿐만 아니라 현지 기업과 지역 금융 기관이 참여한다. (금액별 숙박 혜택 포함) 1계좌, 10만 엔, 수익률 2% 조건으로 지역에 관련된 다양한 이해관계자가 출자함으로써 '공조 구조'를 만들어 지역에 사람과 돈을 늘려가는 것이다(단, 펀드 투자는 할 수 있지만 부동산 펀드[128]이며, 주식시장 상장과 다르기 때문에 주주 총회는 없고, 경영 참가권은 없다).

방식은 다음과 같다. '세토우치 빌리지 주식회사 펀드에 건물(부동산)을 매각하고 리스백[129](lease back)하여 재임대한다. 그리고 경영을 그대로 계속하면서 펀드에 임대료를 지불한다. 펀드 측은 「부동산 특정 공동 사업법」에 근거해 지역 내외 이해관계자로부터의 출자나 지역 금융 은행 등으로부터 대출받아 엑싯한다'.

우라시마 프로젝트는 이동을 중심으로 한 관계인구를 넘어서 소유

---

127) 로컬 펀드 프로젝트, 소셜 프로젝트 펀드라고도 부른다.
128) 이런 방식이 가능하게 된 것은 2017년 '소규모 부동산 특정 공동 사업'에 의해 기존 부동산 특정 공동 사업의 진입 요건이 법 개정으로 완화되어 빈 집 등의 재생이나 이익 활용을 할 때 클라우드 펀딩으로 자금을 모아 수익을 분배하는 것이 가능하게 되었기 때문이다. 이 방식을 시행하기 위해서는 사업자로 지정되어야 한다. 우라시마 프로젝트는 인조이 웍스사가 추진한 부동산 클라우드 펀딩 '헬로! RENOVATION'의 첫 번째 사업이다.
129) 제3자에게 소유자산을 매각하는 동시에 임차하는 거래방법.

<그림 3-12> 우라시마 프로젝트 개념도

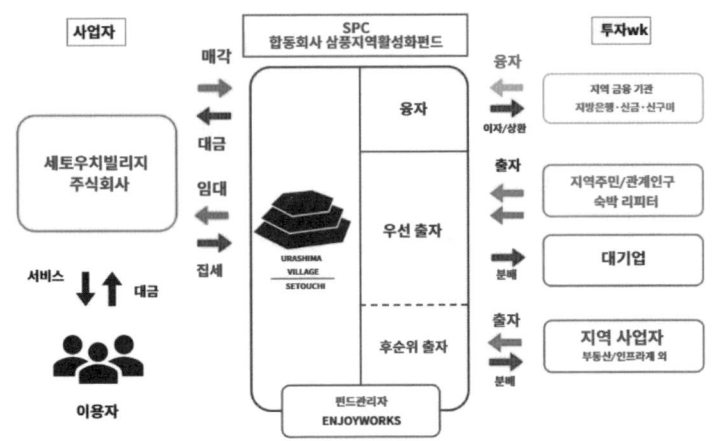

* 출처: https://prtimes.jp/main/html/rd/p/000000024.000061795.html

(공유)를 중심으로 한 주주인구 만들기를 하여 지역기업은 엑싯이 불가능하다는 것을 역발상으로 접근했다. 그리고 로컬 펀딩으로 장기간 계약으로 관계 지속성을 유지했다.

부동산 매각을 통해 소유와 경영 분리하고, 부동산 매각에 로컬 IPO 방식을 도입하여 주주를 모집하고 공동 소유하는 구조로 설정했다. 또한 단순히 투자하고 수익률을 얻는 것과는 다른 경험 가치를 제공하며 사업을 가능한 한 단순화시키지 않는 전략을 택했다.[130]

기대효과로는 기업의 자기 자본률 100%인 안정적 재정 상태가 되

---

130) 우라시마 프로젝트를 추진한 후루타 히마 인터뷰(https://www.zebrasand.co.jp/3684)

어 좀 더 지역사업을 적극적으로 전개할 수 있으며, 수익률은 크지 않지만 위험 또한 적기 때문에 대기업이 '투자를 통한 공조 모델'을 추구하며 참여할 수도 있다.

물론 커뮤니티의 투자기간 동안 장시간(깊은 단계의 관계인구인) 다수의 주주인구를 확보하여 지역 활력을 높일 수도 있다. 우라시마 빌리지는 앞으로 DAO 운영을 통해 토큰을 발행하여 전통, 주민 건강 등 보이지 않는 것을 자산화하여 '신장 자본주의(身の丈資本主義)' 등 새로운 자본주의를 구현하고자 한다.

신장 자본주의는 우라시마 프로젝트를 추진한 후루타 히마(古田秘馬)가 제시한 개념으로서 건강 관련 데이터 등을 코인으로 화폐화하여 자신의 내외부를 명확하게 인식하고 잘 활용하고 배분하는 구조를 의미한다.

4. 고부가가치보다 타부가가치를 생각하는 로컬 IPO

후루타 히마는 마루노우치 아침 대학,[131] 롯폰기 농원,[132] 피스 키친 프로젝트,[133] 우동 하우스,[134] 우라시마 빌리지 등 중요한 지역 프로젝트를 기획한 인물이다.

수많은 프로젝트를 추진한 후루타의 현실 진단은 매우 냉철하고 매우 급진적이다. 그는 정부 지원금 중심의 지역재생사업이 대증요법, 즉 본질적 해결 없이 성급한 해결만 도모한다고 비판한다.

성급히 지역문제를 해결하려고 서두르기보다는 근본적 문제를 찾고 그 과정을 재미있어 하는 힘이 더 중요하다, 고부가가치(高付加価値) 보다는 타부가가치(他付加価値)가 더 중요하다(다른(새로운) 가치를 찾는 것이 중요하다), 그리고 새로운 관계성을 만드는 것이 세상을 바꾸는 첫걸음이라고 이야기한다.[135]

그가 인조이 웍스와 추진한 로컬 IPO는 아웃바운드(outbound) 방식으로 일반에 경제적 목적을 위해 공개하는 IPO, M&A가 아닌 인바운드(inbound) 방식으로 지역 가치 강조 및 주주인구 만들기라는 사회적 목적을 더하여 로컬 엑싯(local exit)을 하는 것이다.

---

131) 도쿄 한복판에서 아침 시간에 진행하는 직장인 아카데미(https://asadaigaku.jp/)

132) https://s-designfarm.co.jp/projects/roppongi-noen/

133) https://peace-kitchen.org/

134) https://udonhouse.jp/

135) https://localletter.jp/articles/local-produce/https://localletter.jp/articles/local-produce/

[참고] 인조이 웍스(Enjoy Works)[136]

인조이 웍스는 2007년 설립하여 89명 규모의 조직으로 성장한 일종의 부동산 디벨로퍼(developer)이자 로컬·지브라 기업이다. 모토는 '가치 공생'이며 비전은 '자본주의 리노베이션'이다.

부동산 특정 공동사업 허가를 받았고, 2024년 국토교통성의 PPP/PFI 협정 파트너 주택 숙박 관리 업자로 등록했다.

사업 초기에는 부동산중개업에서 시작하여 지역 부동산을 리모델링하여 판매하는 방식을 주로 진행했다. 그러다가 점점 주민과 협업이 늘었고 지역 민박을 주민과 함께 관리하는 자회사 '굿네이버스'를 설립했다.

2017년 빈집·유휴 부동산 재생·활용 클라우드 펀딩 '헬로! RENOVATION'을 시작했고, 2019년부터 빈집 재생 프로듀서 육성 프로그램을 통해 빈집 재생 전문가를 양산하고 있다.

인조이 웍스는 부동산업 형태가 단계별로 진화하고 있다고 평가한다. 즉 거주지와 함께 생활 스타일을 제안하는 부동산업 1.0, 자신만의 스타일의 집 만들기를 실현하는 부동산업 2.0, 지역 사람들이 모여, 즐길 수 있는 '장'을 만들어 운영하는 부동산업 3.0, 사업에 공감하며 참여하는 공감투자펀드 조성·운영·관리 단계인 부동산업 4.0, 그리고 사람과 기업의 네트워크를 구축하여 거리를 건강하게 만드는 사업에 투자하고 응원하는 지역활성 지역펀드를 구축하는 부동산업 5.0이 그것이다.

---

136) https://enjoyworks.jp/

이러한 우라시마 프로젝트가 성공하려면 첫째, 다수의 소유자가 믿고 맡길 수 있는 운영진의 경영 의지와 능력이 필요하다. 기업가 정신, 기업 비전, 성장 역량, 기획 프로그램 등이 충분히 검증되지 않는데 장기간의 투자기간을 기다리며 응원하는 사람은 없을 것이다.

둘째, 제도적으로 소유권과 경영권 분리, 그것을 중간에서 조정하며 소유, 투자 유치, 관리, 경영을 할 수 있는 회사를 허용해야 한다. 의미 있는 좋은 시도지만 법적 규제 때문에 시행하기 어려울 수 있다.

셋째, 적지 않은 금액을 투자하며 지역에 관심 있는 주주인구를 모을 수 있는 사회적 환경이 필요하다. 원금은 보장하지만 수익률이 높은 지역사업에 투자할 가장 가능성이 높은 계층은 출향민, 그것도 도시에서 안정적으로 살고 있는 출향민에 그칠 확률이 매우 높다.

그 외에 진정 이 지역에서의 숙박과 체류 경험이 너무 좋아서 이 지역에 투자하고 주주인구가 되어 단순히 돈만 투자하는 것이 아니라 응원하는 마음으로 자주 방문하게 하기 위해서는 좋은 공간 외에 별도의 좋은 프로그램 기획이 지속적으로 필요할 것이다.

제12장

다주체 소자본의 힘: 로컬 임팩트 펀드

이 모든 활동의 든든한 물적 기반으로서 다주체 소자본의 힘으로 로컬 펀드 조성도 필요하다. 로컬 엑싯이나 로컬 IPO가 방법이라면 로컬 펀드는 그 방법을 구현할 수 있는 토대다. 지원금 의존이나 지자체의 재정 위기를 보완할 수 있는 자구책으로서 로컬 펀드라는 가능성을 좀 더 적극적으로 모색할 필요가 있는 것이다.

1. 로컬 투자기관

일반적인 스타트업 투자는 프리 시드, 시드 펀딩, 시리즈 A, B, C 펀딩, 프리 IPO, 공모 IPO 단계로 진행된다. 물론 단계에 따라 투자 금액도 더 많아진다.

사업의 완전 초창기인 프리 시드(pre-seed) 단계에는 본인의 자금 충당이나 정부 정책자금 등으로 창업하는데 3Fs, 즉 가족(Family), 친구(Friends), 바보(Fools)가 돈을 댄다는 시니컬한 표현도 있다.[137] 스타트업 대부분이 프리 시드 단계에서 사라지기 때문이다.

시드 펀딩(seed funding) 단계에는 외부 투자가 이루어진다. 말이 외부 투자이지 결국은 언젠가는 갚아야 할 빚이다.

(앞서 소개한 지브라 앤드 컴퍼니를 포함하여) 일본 민간 영역에는 9개의 주요 지브라 투자기관(venture capital)이 존재한다.[138] 모든 지역은 필수적으로 사회적 혹은 지역 펀드를 만든다. 외부의 기업이 출자하든 지역의 소상공인이 십시일반 출자하든 지역휴면예금을 출자하든 심지어 일반 시민이 출자하든 펀드를 만든다. 내 돈으로 우리 지역 돈으로 자립하겠다는 일종의 '자구적 장치(self-rescue plan)'이다.

경제적 수익 창출→사회적 가치 구현→지역 기여가 순차적으로 이루어지는 것은 아니지만 그 모든 과정에 돈이 드는 것은 필연이다. 사람들의 머릿속에 기후, 환경, 취약층, 교육, 지역산업 그리고 산업 생태

---

137) https://blog.naver.com/biz-post/223786470822
138) https://www.zebrasand.co.jp/1276

계 구현이 중요하다는 인식이 100% 내재되어도 실천을 위해서는 비용이 든다.

소위 로컬 지브라 사업을 전개하면서 자립적인 펀드가 반드시 포함되는 것도 같은 이치다. 기금이 있어야 미래를 설계할 수 있는 것이다. 이때 중요한 것은 누구의 돈이 얼만큼 들어가서 어떤 방식으로 사회에 배분되는가이다.

2. 미국과 영국의 소셜 파이낸스

1) 미국의 CDFI

CDFI(Community Development Financial Institutions, 지역개발금융기관)[139]는 미국 연방정부로부터 법적·금전적 지원을 받는 비영리 법인이다. 오랫동안 민간 영역이었다가 1994년 클린턴 정부에서 관련법(Riegle Community Development Banking and Financial Institutions Act)이 제정되며 제도화되었다.

CDFI는 경제적으로 소외된 지역에 금융 서비스를 제공하고, 이를 통해 지역 사회와 경제를 활성화하는 역할을 한다.[140]

〈그림 3-13〉 지역사회에서 CDFI의 역할

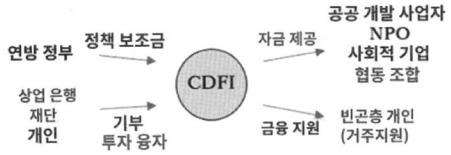

* 출처: 중소기업청(2024.03.01: 38)

---

139) https://www.cdfifund.gov/
140) CDFI 펀드, 은행, 기업, 조합 등 6개 유형은 https://cdfi.org/about-cdfis/cdfi-types/ 참조.

2) 영국의 PBII

영국에서는 브렉시트와 팬데믹을 거치면서 지역 중심의 PBII(Place-based Impact Investing, 지역 기반 임팩트 투자)[141] 논의가 가속화되었다.

PBII는 글로벌 펀드나 다국적 기업에 투자되는 지방정부 연금 기금(LGPS)[142]의 자본을 지역경제의 지속가능한 발전을 위한 특정 지역 투자로 연결하는 것을 목적으로 한다.

〈그림 3-14〉 PBII 개념도

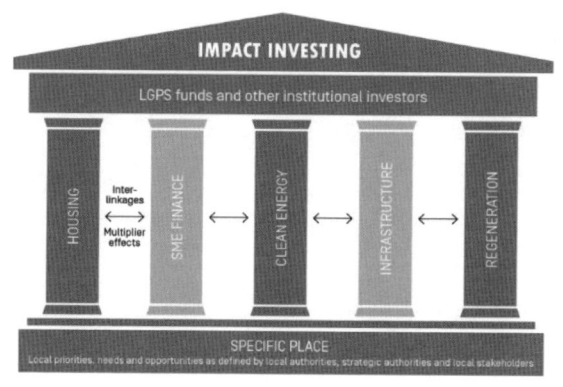

* 출처: https://tinyurl.com/29ymtd99

이런 차이를 유념하여 앞서 검토한 지브라 앤드 컴퍼니 외에 주요 지브라 투자기관의 특징을 살펴보면 다음과 같다.

---

141) https://www.impactinvest.org.uk/
142) 지방재정 연금 기금(Local Government Pension Scheme)은 규모 3600억 파운드(약 654조 원)로서 전 세계에서 7번째로 큰 연금 기금이다.

3. 일본의 로컬 임팩트 펀드

1) 타리키 펀드(교토)

타리키 펀드는 인큐베이션 사업, 오픈 이노베이션 사업, 미디어 사업을 하는 ㈜타리키가 2020년 12월부터 운영하는 사회문제해결형 펀드이다. 비전은 '(사회 구조 때문에) 죽고 싶거나 괴로운 생각을 하는 사람들의 절대 수를 줄이는 구조를 만든다'이다.

<그림 3-15> 타리키 펀드

* 출처: https://taliki.vc

이를 위해 '사회문제를 해결해야 한다'고 실천을 강요하는 것이 아니라 이해관계자가 경제적으로 성장하는 구조나 소비자가 '멋지니까 구입'하는 서비스를 개발하고 제공하며 문제를 해결하는 기업을 '사회문제 해결 벤처'라고 정의한다.

타리키 펀드 지원의 특징은 (제3자 할당 증자와 같은 출자 방법 외에) 주식을 일체 취득하지 않고 이익과 연동하는 형태로 리턴을 산출하는 출자 방법 등을 활용하여 IPO나 M&A와 같은 엑싯 전략이 없어도 서로 이익이 되는 자금 조달을 하도록 펀드를 조성한 것이다.

이 방식을 통해 주식회사 이외 형태의 기업도 출자받을 수 있고 경영자는 주식 보유율을 낮추지 않고 자금 조달을 할 수 있다.

지금까지 300명 이상의 사회적 기업가를 지원했고, 16개 사회 기업에 출자했으며, 창업자간 커뮤니티도 운영한다. 출자금은 5백만 엔~3천만 엔 규모다. 자금 지원뿐만 아니라 교토 신용금고, 인큐베이터 펀드, 선브릿지 코퍼레이션, 마루이 그룹 등과 제휴하여 채용, 영업, 판로 확대 등을 지원하며 창업가 육성을 위한 다양한 지원 프로그램도 제공한다.

2) GLIN 임팩트 캐피탈(도쿄)

GLIN 임팩트 캐피탈은 2020년 '더 나은 자본주의 구축'을 미션으로 제시하며 사회문제 해결 스타트업을 지원하기 위해 설립된 임팩트 캐피탈이다.

〈그림 3-16〉 GLIN 임팩트 캐피탈

* 출처: https://glinimpact.com/

해결해야 할 사회문제로는 저출산, 고령화, 성별 격차 등 다양성 문제, 농업·식량 문제, 환경 문제, 정신건강, 교육 격차 등을 제시한다.

사회적 임팩트 리턴(social impact return, 사업이 사회문제 해결에 미치는 긍정적 영향)과 경제적 리턴(economic return) 간 시너지 효과가 있는 미상장 기업에 교차 투자한다. 구체적으로는 상장 2년 전에 출자하고, 상장한 후에도 1~3년간 지속적으로 지원하는 형태로서 출자금은 수천만 엔~수억 엔 규모다.

〈그림 3-17〉 GLIN의 투자 지향

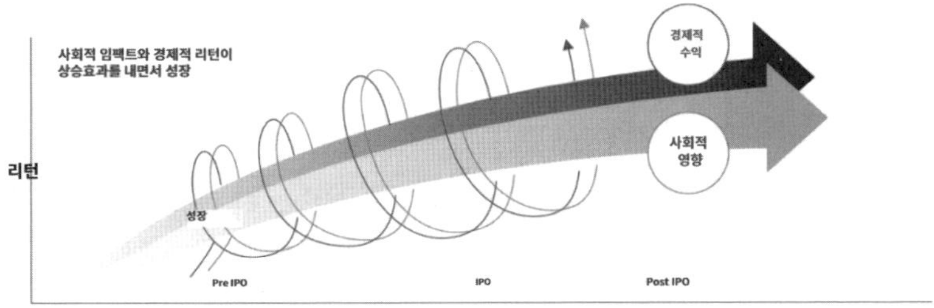

* 출처: https://glinimpact.com/investment#principles

출자 후에 사업 성장을 지원하고 상장 후에도 사회적 미션을 중심으로 지속적 성장을 할 수 있는 체제 구축을 지원한다. 현재까지 농업, 장애인, 육아, 환경, 에너지, 교육, 의료 부문 등 8개 기업에 출자했다.

<그림 3-18> GLIN의 지원 내용

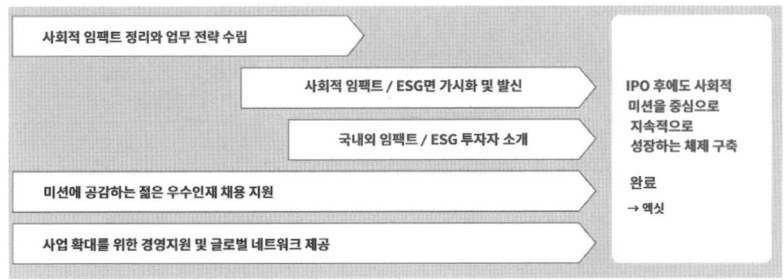

* 출처: https://glinimpact.com/investment#principles

3) 퓨처 벤처 캐피탈(교토)

퓨처 벤처 캐피탈은 1998년 설립된 미래 도어사(MIRAIDOOR Co., Ltd)가 운영하는 벤처 캐피탈로서 교토에 본사가 있으며 꽤 오랫동안 여러 지역의 스타트업을 지원한다.

금융을 통한 지방창생 지원을 표방하며 지방창생 펀드를 운영한다. 이 펀드의 목적인 지역 창업률 향상, 역내 경제 활성화, 고용 창출에 공헌하는 것이다.

IPO를 목표로 하는 벤처, 중소기업을 비롯해 IPO를 목표로 하지 않는 벤처, 중소기업이나 사업 계승에 에쿼티 파이낸스[143]를 활용하고자 하는 기업 등에 폭넓게 투자한다.

지금까지 가고시마, 고베, 교토, 모리오카, 비와코, 아키타, 에히메, 오사카, 후쿠시마 등에서 32개 지방창생 펀드를 운영했다.

---

143) 기업의 자금조달 방법에는 은행차입·사채발행·증자·이익유보 등이 있는데, 이중 주식과 관련한 자금조달 방법을 에쿼티 파이낸스(equity finance)라고 한다.

<그림 3-19> 퓨처 벤처 캐피탈

* 출처: https://glinimpact.com/investment#principles

일본 지방창생정책의 시작 시기가 2015년임을 감안하면 연평균 3개 규모의 지방창생 펀드를 운영한 것이다.

4) KIBOW 사회 투자

KIBOW(희망) 사회 투자는 2011년 동일본 대지진을 결성된 투자사이다. 임팩트 투자, 재해 지역 지원 및 소셜 어워즈(social awards) 시상 등 3개 부문의 사업을 주로 진행한다.

<그림 3-20> KIBOW 사회 투자

* 출처: https://kibowproject.jp/

그 가운데 임팩트 투자 부문은 여느 소셜 임팩트 투자사처럼 재무적 수익뿐만 아니라 사회에 큰 임팩트 창출을 기대하며 투자하고, 그 방식 주식 투자, 경영팀 확충을 위한 채용 활동 지원, 전략 결정 및 실행 단계의 컨설팅, 소셜 미디어를 통한 정보 제공 지원 등으로 진행한다.

2018년 4월~2038년 3월까지 20년간 운영하는 펀드 약정 총액은 5억 엔이며, 투자 금액은 1,000~5,000만 엔 규모이다.

대출이 아닌 출자 형태로 자금을 제공하고 그 대가로 10~30% 정도의 주식 지분을 취한다. 특정 비영리 활동 법인이나, 재단법인, 일반 사단법인 등 비영리 조직이 아닌 조식회사와 조합등 영리법인에 출자한다. 지금까지 17개 소셜벤처에 투자했다.

5) 소하쓰노 쓰보미(創発の苔) 펀드

2021년 설립된 소하쓰노 쓰보미 펀드의 투자는 '사람', '공생', '장인'을 원칙으로 초기 단계부터 성장단계까지 분산투자를 하는 것이 특징이다. 투자회수(EXIT)는 지속적 성장을 우선적으로 생각해, 반드시 IPO를 투자 목적으로 하지 않고, 경영진이나 회사에 의한 주식 매입, 직원이나 거래처, 고객 등에의 양도(Exit to community), 사업회사와의 제휴(M&A), 해외를 포함한 기관 투자가에의 양도 등 다양한 선택을 제공한다.

장기적 관점에서 100년 이상 지속될 스타트업 지원, 경제적 가치와 사회적 가치를 찾는 기업 지원, 지역재생에 기여하는 기업에 투자한다. 그 결과 지금까지 22개 기업에 투자했다.

〈그림 3-21〉 소하쓰노 쓰보미 펀드의 투자처

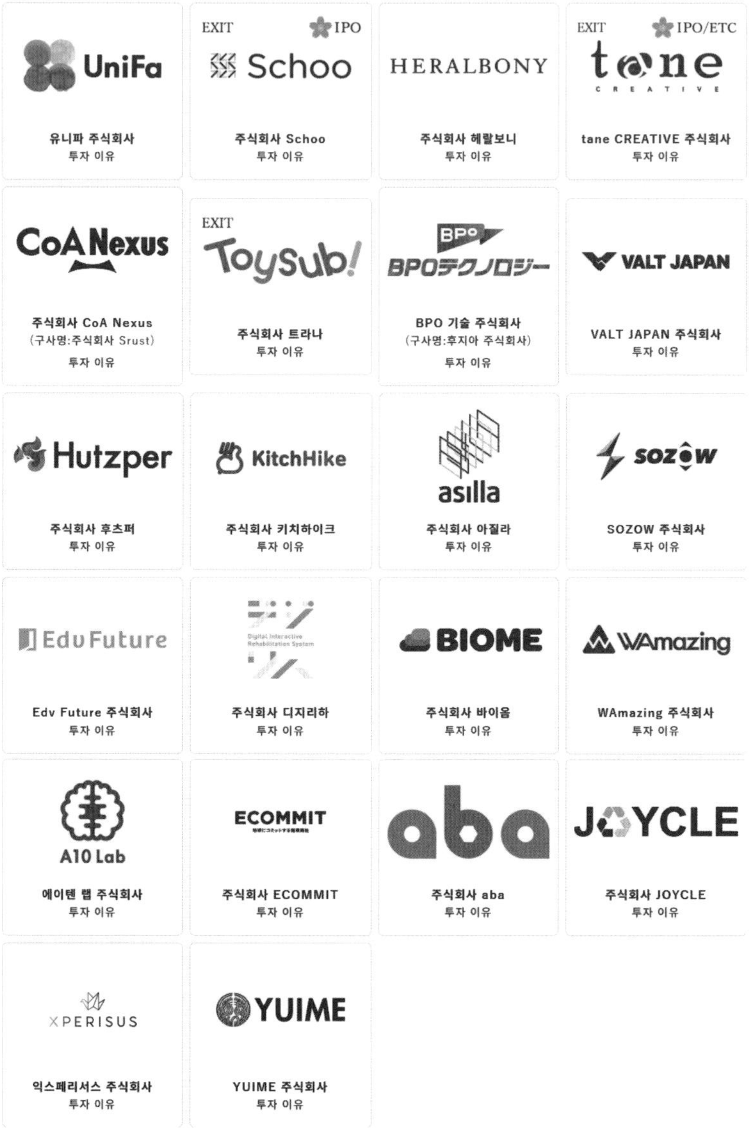

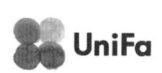

UniFa
유니파 주식회사
투자 이유
EXIT
IPO
Schoo
주식회사 Schoo
투자 이유
HERALBONY
주식회사 헤랄보니
투자 이유
EXIT
IPO/ETC
tane CREATIVE
tane CREATIVE 주식회사
투자 이유
CoA Nexus
주식회사 CoA Nexus
(구사명:주식회사 Srust)
투자 이유
EXIT
Toysub!
주식회사 트라나
투자 이유
BPO
BPOテクノロジー
BPO 기술 주식회사
(구사명:후지아 주식회사)
투자 이유
VALT JAPAN
VALT JAPAN 주식회사
투자 이유
Hutzper
주식회사 후츠퍼
투자 이유
KitchHike
주식회사 키치하이크
투자 이유
asilla
주식회사 아질라
투자 이유
sozow
SOZOW 주식회사
투자 이유
Edu Future
Edv Future 주식회사
투자 이유
Digital Interactive Rehabilitation System
주식회사 디지리하
투자 이유
BIOME
주식회사 바이옴
투자 이유
WAmazing
WAmazing 주식회사
투자 이유
A10 Lab
에이텐 랩 주식회사
투자 이유
ECOMMIT
주식회사 ECOMMIT
투자 이유
aba
주식회사 aba
투자 이유
JOYCLE
주식회사 JOYCLE
투자 이유
XPERISUS
익스페리서스 주식회사
투자 이유
YUIME
YUIME 주식회사
투자 이유

* 출처: https://www.kamakuraim.jp/tsubomi/

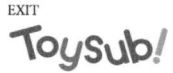

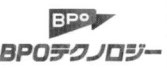

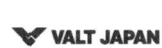

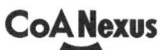

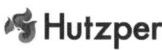

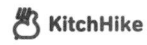

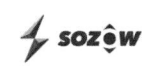

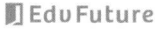

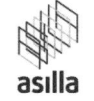

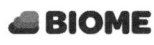

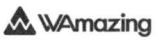

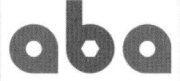

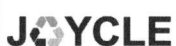

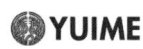

4. 일본의 로컬 펀드

1) 토카치 리제너레이티브 펀드(홋카이도)

홋카이도 토카치 지역은 지역 사업자들이 출자하여 '토카치 리제너레이티브 펀드'를 조성하여 ① 하드웨어 측면에서 융자, ② 소프트웨어 측면에서 농업 지도원 육성 및 농작물 브랜딩, ③ 인프라 측면에서 농가와 소비자를 잇는 커뮤니티를 형성하여 유통을 활성화하고자 한다.

〈그림 3-22〉 토카치 리제너레이티브 펀드의 운영구조

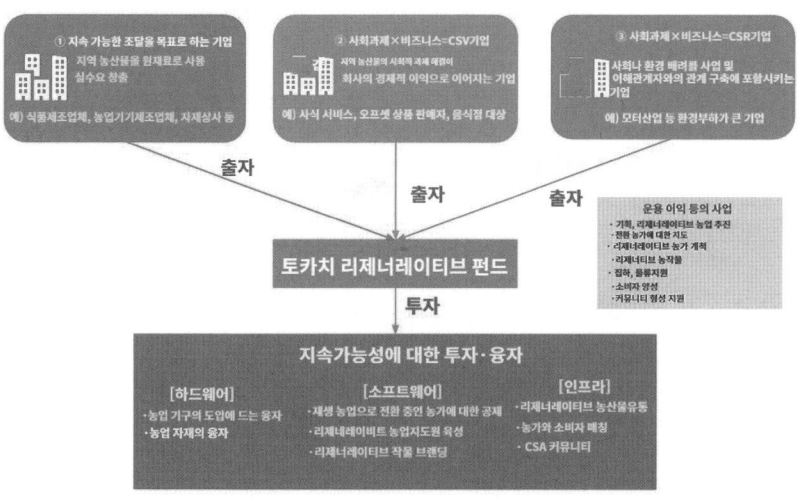

* 출처: 十勝うらほろ樂舎(2025: 13)

2) 피셔맨 재팬 블루 펀드[144]

미야기현 이시노마키시는 2022년 피셔맨 재팬 블루 펀드(Fisherman Japan Blue Fund Investment Limited)를 설립하여 어업 단체와 핀테크 기업이 연계해 바다의 풍요를 지키기 위한 새로운 투자·기부 구조를 구성했다.

(해양산업 생태계를 형성하는) 블루 이코노미를 견인하는 기업부터 채산이 낮은 수산업 담당자를 새롭게 육성하는 사업까지 수산업의 틀에 한정하지 않고, 바다에 관한 폭넓은 기업·사업을 지원한다.

법인·개인으로부터 임팩트 투자와 기부를 조합한 새로운 파이낸스 형태(blue finance)를 구성하여 바다라는 필드에 더 많은 사람을 유입시켜 지속 가능한 수산업 실현과 해양 환경 보전을 양립하는 블루 이코노미를 추진한다.

수산업뿐만 아니라 자원관리·해양환경 보호를 위한 바다의 DX화, 지속가능한 양식 먹이 개발, 해양플라스틱 회수·리사이클, 바다의 순환경제 실현, 지속가능한 해산물 유통 판매 등 국내외 폭넓은 사업에 투자한다. 특히 단기적 수익 전망이 어려웠던 수산업 종사자, 비치 클린, 어장 재생, 지속가능 해산물 보급·계몽, 사회적 문제를 해결하기 위한 투자에 힘쓴다.

---

[144] 피셔맨 재팬 블루 펀드에 관한 내용은 더가능연구소(2023)을 재구성한 것이다.

〈그림 3-23〉 피셔맨 재팬 블루 펀드 운영 구조(미야기현 이시노마키시)

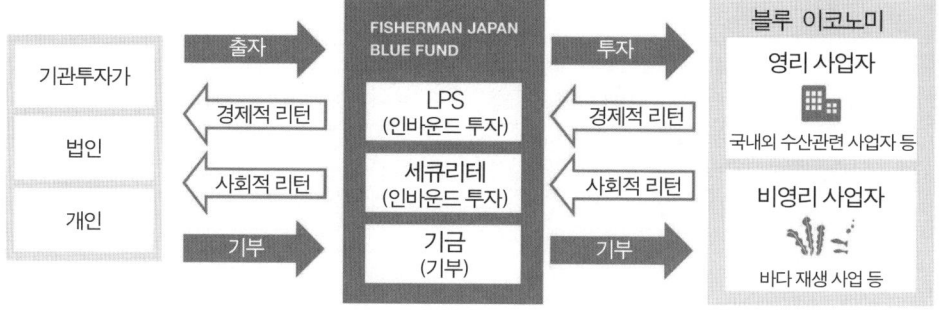

* 출처: https://fishermanjapan.com/project

3) 낙도 펀드(가고시마현)

2019년에 28개 유인도 연합으로 발족한 가고시마낙도문화경제권 '리토랩(RITOLAB, リトラボ)'은 15만 명 주민의 생존과 발전을 위해 2025년 7월, 837명이 15,427,000엔을 출자하여 '가고시마섬 펀드(かごしま島嶼ファンド)'를 만들었다. 이 펀드는 섬 지역에서 진행되는 청년의 도전이나 과제해결형 사업, 그리고 28개 섬의 네트워크 구축을 위해 투자한다.

제13장

로컬 임팩트 인덱스

　지역의견 수렴, 지역과제 맵핑, 참여주체의 기능과 역할 그리고 성공적인 지역기업 성장이 진행되는 과정에서 놓치지 말아야 할 것은 어디로 왜 가고 있는가 하는 이정표이다. 다른 말로하면 지표(index)인데 이러한 인덱스가 명확해야 체계적인 활동을 전개할 수 있고 한편으로는 내외부적으로 참여하는 주체들의 이해도를 높일 수 있다.

　세상에는 수많은 성과지표와 인덱스가 있지만 결국은 모두가 잘 살자고 만드는 것이므로 좀 더 현장을 잘 설명할 수 있고, 현장에 적용하기 쉬운 인덱스가 필요하다. 인덱스를 잘 만들어 KPI를 수립하면 일의 방향성이나 의미를 가늠하기 쉽기도 하다. 인덱스와 성과지표 자체가 지역살이의 이정표 역할도 하기 때문이다.

1. 좋은 세상 평가 기준

SDGs(Sustainable Development Goals)는 2015년 UN이 193개국 만장일치로 정한 2030년까지 달성하고자 하는 국제사회의 공동 목표다. 17개 지속가능발전지표로 구성되어 있으며 이 목표를 달성하려는 노력이 지속적으로 이루어지거나 17개 영역을 모두 달성했다면 꽤 살 만한 곳에 살고 있다는 의미다.

일본에서는 많은 기업과 사회활동단체가 SDGs 17개 기준에 대한 다양한 방식의 설명을 통해 활동 성과와 조직의 기여도를 발표한다. 측정 결과는 매우 다양하게 표현할 수 있다.

재미있는 법인 카약이 운영하는 '거리의 코인'은 2019년부터 31개 지역에서 14만 명이 사용하는 일종의 지역 화폐. 카약은 SDGs 기준에 따라 이 사업의 효과를 전체 17개 지표 중에 특히 11, 17, 4번 지표 부문에서 좋은 효과가 나타난 것으로 평가했다.

〈그림 3-24〉 '거리의 코인' 사업의 SDGs 기여도에 대한 자체 평가

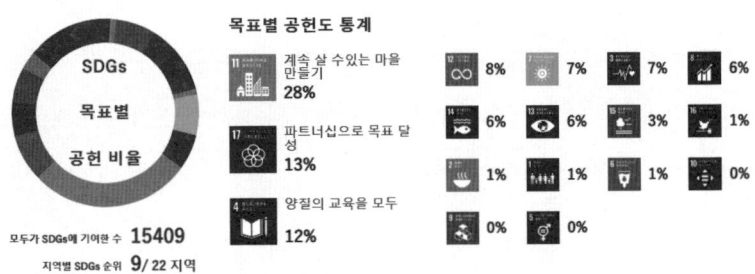

* 출처: https://coin.machino.co/regions/odawara

이런 식의 평가가 절대인가에 대해서는 다양한 해석이 가능하다. 각 사업은 별도 목표가 있고 특히 이윤 창출이 절대적이라고 믿는 기업이라면 17개 목표 달성을 할 필요가 없다고 생각할 수 있다.

즉 기업과 조직 목표에 따라 17개 목표를 모두 달성할 필요가 없다고 여길 수 있지만 적어도 지역에서 활동하는 기업과 조직이라면 17개 목표 달성을 노력해야 그 존재가치를 인정받을 수 있다.

앞서 소개한 우라시마 프로젝트는 사업 소유권과 경영권을 분리하고 좀 더 많은 협력자와 지지자를 확보하기 위한 사업이다. 이 사업은 17개 사업 중에서 선별적으로 3, 8, 11번 목표 달성을 강조하며 그 의미를 서술했다. 숫자로 성과를 증명할 수도 있지만 이해하기 쉬운 친절한 설명으로 성과 의의를 설명하는 것도 나름 의미있는 노력이다.

〈그림 3-25〉 우라시마 프로젝트의 SDGs 기여도에 대한 자체 평가

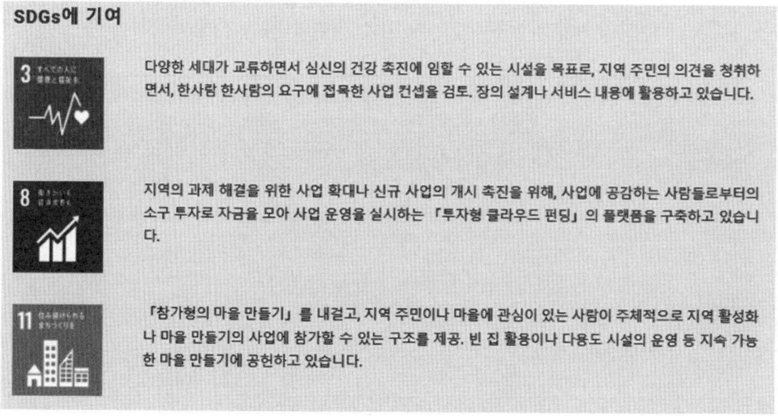

SDGs에 기여	
3	다양한 세대가 교류하면서 심신의 건강 촉진에 임할 수 있는 시설을 목표로, 지역 주민의 의견을 청취하면서, 한사람 한사람의 요구에 접목한 사업 컨셉을 검토. 장의 설계나 서비스 내용에 활용하고 있습니다.
8	지역의 과제 해결을 위한 사업 확대나 신규 사업의 개시 촉진을 위해, 사업에 공감하는 사람들로부터의 소구 투자로 자금을 모아 사업 운영을 실시하는 「투자형 클라우드 펀딩」의 플랫폼을 구축하고 있습니다.
11	「참가형의 마을 만들기」를 내걸고, 지역 주민이나 마을에 관심이 있는 사람이 주체적으로 지역 활성화나 마을 만들기의 사업에 참가할 수 있는 구조를 제공. 빈 집 활용이나 다용도 시설의 운영 등 지속 가능한 마을 만들기에 공헌하고 있습니다.

* 출처: https://hello-renovation.jp/renovations/24297

2. 지역 나름의 평가 기준

그러나 SDGs 기준은 국가를 대상으로 한 포괄적인 기준이고, 좋은 가치이지만 다소 거창하고 이해하기 어렵기 때문에 지역에서 쓸 만하고 좀 더 많은 사람의 이해할 수 있는 수준으로 재구성할 필요가 있다.

〈표 3-5〉는 17개 지표를 4개 부문으로 나누어 12개 지표로 재구성한 것이다. 즉 SDGs 17개 지표를 지역 차원에서 보면 지역 기본 토대(사회 인프라), 지역 경제, 지역 공정성, 지역 협력으로 구분할 수 있다.

〈표 3-5〉 SDGs 지표의 지역 적용 버전 지표

	SDGs 지표(17개)	지역 지속가능 지표(12개)
지역 기본 토대	① 빈곤 퇴치 ② 기아 종식 ⑥ 깨끗한 물과 위생 ⑦ 모두를 위한 깨끗한 에너지 ⑬ 기후변화와 대응 ⑭ 해양 생태계 보존 ⑮ 육상 생태계 보존	○ 지역에 절대 빈곤 가구가 존재하지 않게 되었는가? ○ 지역 자체 에너지 생산(혹은 친환경 에너지)에 기여하는가? ○ 지역 환경 보호에 기여하는가?
지역경제	⑧ 양질의 일자리와 경제 성장 ⑨ 산업, 혁신, 사회기반 시설 ⑫ 지속가능한 소비와 생산	○ 지역 일자리를 많이 확보하는가? ○ 지역에 새로운 매출을 늘리고 있는가? ○ 지역 경제 인프라가 발전하는가? ○ 지역 소비와 생산이 지역 내에서 순환하는가?
지역 공정성	③ 건강과 웰빙 ④ 양질의 교육 ⑤ 성평등 ⑩ 불평등 감소 ⑯ 정의, 평화, 효과적인 제도	○ 교육, 건강, 다양성 등에서 양질의 삶을 누리는가? ○ 지역 경제, 사회, 문화적 격차 해소에 기여하는가? ○ 지역 갈등을 효과적으로 해결했는가?
지역 협력	⑪ 지속가능한 도시와 공동체 ⑰ 지구촌 협력(목표 달성을 위한 파트너십)	○ 지역 내외 협력기관이 늘었는가? ○ 생산적 공동체를 형성하는가?

* 출처: 저자 작성

지역 버전의 지속가능 12개 세부지표는 지역의 살 만한 환경, 활발한 경제활동, 공정한 경험 그리고 지역 내외와의 협력도가 중요하다는 것을 강조한다. 이를 바탕으로 지역에서 시도되는 모든 활동을 측정할 수 있다.

이러한 재구성 과정을 통해 이른바 '로컬벤처 성과지표(Local Venture Impact, LVI)'를 설정할 수 있다. LVI는 '기업'이라는 상업활동 주체로서 갖춰야 할 경제력과 '지역 기업'이라는 장소성·사회성에 영향을 미치고 영향을 받는 지역사회 주체로서 갖춰야 할 지역력이라는 두 개의 핵심 가치를 통합적인 관점에서 평가하는 척도다.

또한 자원과 인구가 부족한 환경에서 지역의 가치를 발굴하고 새롭게 브랜딩하는 로컬벤처의 지역 주체 역량을 평가하여 기업의 경제적·사회적·지역적 가치를 다면적으로 평가하는 척도라고 할 수 있다.

먼저 로컬벤처의 경제력은 정량 지표(Quantitative Indicator)로써, 명확한 숫자화와 비교 가능한 성과 척도이며 5개 부문의 성과를 포함한다. 앞의 세 개 지표 즉, 매출, 순수익, 특허 및 권리 보유력은 일반 기업도 중심을 두는 핵심 지표이지만 로컬벤처라면 타사업 연계성이나 지역경제 기여 부문을 강조하며 활동할 필요도 있다.[145]

① 매출: 년평균 매출 금액

② 순수익: 년평균 순수익 금액

③ 특허 및 권리 보유력: 사업체가 보유한 특허 및 지적재산권 수

---

145) 중소기업 정부 통계는 종사자수와 매출금액만 산출한다(중소기업 기본통계, https://tinyurl.com/2354w7s8).

④ 투자 유치 및 타사업 연계력: 투자 유치 금액, 타지원사업 수주 건수 및 금액

⑤ 지역경제 기여력: 사업전개로 인해 지역경제에 기여한 금액

다음으로 로컬벤처의 지역력은 정량 지표와 정성 지표(Qualitative Indicator)를 합한 복합지표다. 지역활동은 그만큼 명확히 평가하기 어려우며 한편으로는 지역별 다양성이 매우 크다. 따라서, 숫자화하기 어렵지만 활동내용 분석(activity & contents analysis)으로 설명하여 질적 내용 설명을 통해 (최고 수준과 최저 수준을 평가하여) 1~10점으로 해석적 계량화도 가능할 수 있다.

단, 여기에서 4번 지역인구 확보력 부문은 좀 더 설명이 필요하다. 정량지표에 고용인원, 정주인구, 생활인구 등 인구 수도 포함될 수 있지만 가변성이 높은 인구 수를 기업이 산출하기는 매우 어렵고 또한 계량적인 의미의 인구보다는 사람과 하는 프로젝트 활동이 더 중요한 것이므로 LVI에서는 인구 부문은 정성지표로 분류한다.

① 지역자원 활용력: 지역 고유의 자연환경, 원물, 공간, 문화 등을 새롭게 사업화한 정도

② 지역상권 협업력: 지역내 사업체와 결합하여 사업을 진행하여 새로운 상권을 형성한 정도

③ 지역과제 해결력: 환경, 취약층, 교육 등 지역과제 해결에 기여한 정도

④ 지역인구 확보력: 고용 등을 통한 정주인구 증가 및 체류·체험을

통한 관계인구 증가에 기여한 정도

⑤ 지역사회 인식변화력: 새로운 사업 전개 및 지역사회 관계 형성을 통해 지역의 가능성을 실천하여 지역사회의 인식이 긍정적으로 변화하도록 기여한 정도

〈그림 3-26〉 로컬벤처의 경제력과 지역력 성과지표

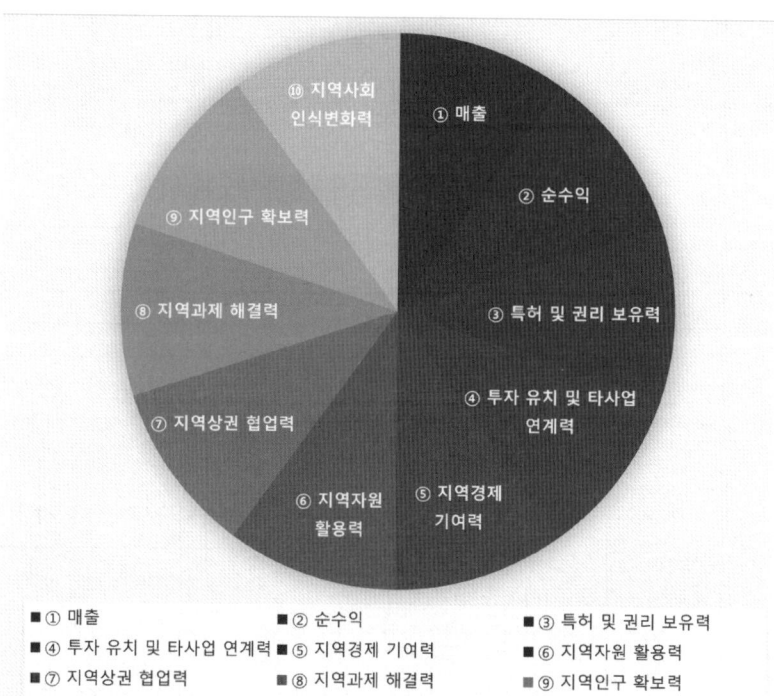

* 출처: 저자 작성

〈표 3-6〉 로컬벤처 성과 측정법

구분	지표명	내용	평가방법
경제력	① 매출	매출 규모	기간내 연매출 평균값
	② 순수익	영업이익 규모	기간내 영업이익 평균값
	③ 특허 및 권리 보유력	(특허권, 상표권, 디자인권 등) 권리 보유 정도	각 건수 합계
	④ 투자 유치 및 타사업 연계력	(크라우드펀딩 포함) 투자 유치 규모	건수 및 금액
		타기관 사업 수주 규모	건수 및 금액
지역력	⑤ 지역경제 기여력	(유통, 소비 등) 지역내 전방 산업 이용 규모	1년 총액
		(원자재, 물류, 서비스 등) 지역내 후방 산업 이용 규모	1년 총액
		지역 소비 유발 효과	1년 총액
	⑥ 지역자원 활용력	지역 원재료 활용 규모	내부 자료 평가
		(공간, 시설 등) 지역 인프라 활용 규모	내부 자료 평가
	⑦ 지역상권 협업력	주민 협업 건수 및 특징	시행유무, 건수, 성과
		(지역 소상공인, 전통시장상인 등) 지역산업체 협업 건수 및 특징	시행유무, 건수, 성과
		외지인과 전개한 지역 관련 협업 건수 및 특징	시행유무, 건수, 성과
	⑧ 지역과제 해결력	(에너지 절감, 폐기물 감소, 친환경 제품 등) 환경친화 서비스 시행	시행유무, 건수, 성과
		(장애인, 고령자, 저소득층, 아동, 고립청년 등) 취약계층 고용, 지원, 교육	시행유무, 건수, 성과
		(로컬 브랜딩 포함) 지역 이미지 개선	내부 자료 평가
		기타 지역 현안 해결	내부 자료 평가
	⑨ 지역 인구 기여도	(정규직/비정규직) 고용 창출 규모	기간내 인원 합계
		(반복) 방문객, 체류, 체험, 기부 등 관계인구 규모	월 평균 인원 수
		이주 규모	기간내 인원 합계
	⑩ 지역사회 인식 변화력	미디어 홍보	채널 유무, 활성화 정도
		지역 내외 인지도 상승	내부 자료 평가
		주민 만족도 및 자부심 등 심리적 효과	내부 자료 평가

* 출처: 저자 작성

제14장

순환자본주의와 지역 기본권

 지역의 경영 근육을 키우는 제9장부터 제13장까지의 5개 과정에는 모든 활동의 기본 가치와 원칙이 반영되어야 하는데 특히 순환자본주의와 지역 기본권 실현에 대한 다각적인 고려가 필요하다. 독식 구조가 아닌 윈윈 구조 그리고 그 모든 것이 지역의 기본권 향상을 위한 활동이어야 한다.

1. 자본의 순환, 더 많은 부가가치

애초에 사업은 매출과 이익 최대화만 도모하는 것이 아니라 기술이나 노하우 활용도 중요하고 고객의 과제 해결에 집중하는 활동이다. 사업의 본질이 매출과 이익에만 머무는 기업의 확장성은 오래 가지 않는다는 의미다.

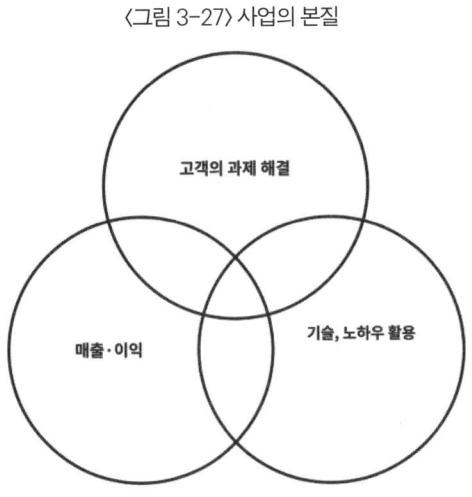

〈그림 3-27〉 사업의 본질

* 출처: https://note.com/kissmetk/n/nc7cd7bd3a646

오카야마현 니시아와쿠라 지역의 '에이제로 그룹(a-zero.group)'[146]은 2009년 로컬벤처 용어의 창시자 마키 다이스케가 설립한 원조 로컬·지

---
146) A0의 상세한 내용은 牧大介(2018) 참조.

브라 기업이다. 초기에는 단일 회사로 시작했지만 지금은 7개 주식회사 및 재단을 주주로 구성되어 있다.

사업 영역은 숲 학교, 폐교 재생, 장어양식, 여행업, 로컬벤처 육성 사업, 고향납세 위탁사업, 장애 복지 서비스, 복지 사업 등으로서 특히 순환경제 구현을 강조하며 사업을 전개한다.

사업 영역을 크게 자연자본 영역(목재 사업, 양식 장어 사업, 딸기 농원, 레스토랑 사업, 숲 학교 사업, 양봉 사업, 묘목 생산업, 식림 사업, 농업사업), 사회자본 영역(고향납세 관련 사업, 관계인구 창출 사업, 기업연수사업, 건축 부동산 사업, 고령자 복지 사업, 장애인 복지 사업, 숙박 사업, 체류시설 관리 사업), 경제자본 영역(로컬벤처 육성사업) 등 세 부문으로 구분하여 4개 지역에서 사업을 시행하며 향후 7개 지역까지 사업을 확대할 계획이다.

고향납세 답례품 사업도 전개하는데, 삼림 지역인 니시아와쿠라에서 신재생에너지로 전기를 발전시켜 기부자에게 전기요금 쿠폰을 답례품으로 제공하는 것도 특징적인 부분이다. 경제적으로는 매출 10억 엔의 성과를 올리고 별도의 연구회로서 '미래 시골 연구회'[147]를 운영하고 있다.

〈그림 3-28〉 에이제로가 제공하는 니시아와쿠라의 고향납세 답례품 항목

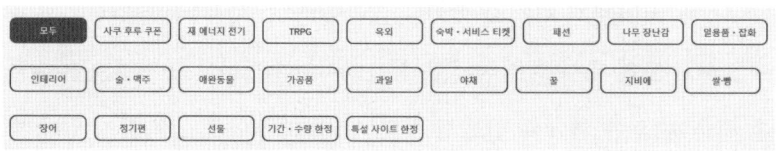

* 출처: https://www.24h-life.jp/products

---

147) https://a-zero.group/category/future_satoyama_lab/

마키 다이스케 대표는 농업, 임업, 수산업의 횡단 연결을 중심으로 산업이 연결되면 더 많은 부가가치를 창출할 수 있다고 분석한다. 그 결과, 바다가 없는 산속에서 장어양식을 하며 그 과정에서 과도한 소비 없이 지역경제가 활성화될 수 있는 자원순환 경제를 구현했다.

<그림 3-29> 에이 제로 그룹의 순환경제 구조

* 출처: 마키 다이스케(2018: 50~51)

2019년 오사카에서 창업한 '굿굿(GoodGood)'[148]은 홋카이도, 오사카, 구마모토 지역에서 사회적 가치(social good)를 지향하는 차세대 축산 벤처로서 순환형 축산을 실현하고자 한다. '지속적이고 긍정적으로 고기를 먹을 수 있는 세계를 만들고 싶다', '100년 후에도 고기를 맛있게 먹

---

148) http://goodgood.jp/

을 수 있는 미래 구현' 등을 모토로 바이오 관련 문제 해결, 식육 문화 계승을 위한 사업을 전개한다.

다수의 도시에서 매장을 운영하는데 경영 권리만 남기고 수익을 취할 수 있는 권리를 세분화하고 유동화하여 가치나 권리를 자유롭게 매매할 수 있는 시스템을 구축했다.

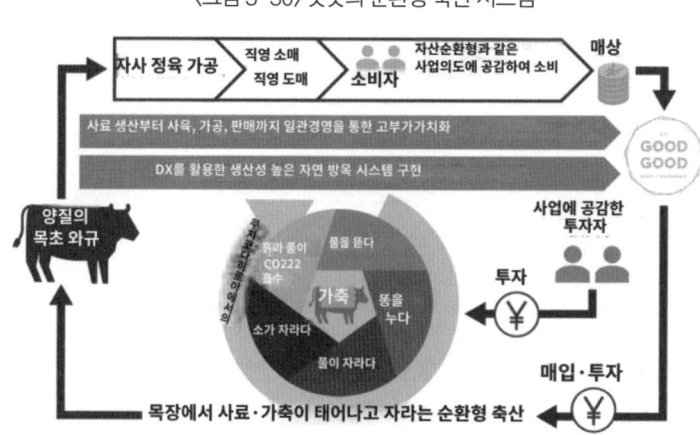

〈그림 3-30〉 굿굿의 순환형 축산 시스템

* 출처: 중소기업청(2024.03: 2)

순환자본주의에 대해서는 더 심도 있는 논의가 필요하지만 흔히 논의하듯 지산지소에 머무는 논의가 한계가 있다는 점도 유념할 필요가 있다. 즉 지산지소-지산지상-지산지승으로 이어지는 순환구조의 형성이 필요하다. 모든 조건이 제한적인 지역일수록 독창적인 가치체계와 철학인 단발마적인 앙상한 가치에 머무르지 않고 지속적으로 성장하는 가치순환모델로 끊임없이 이어져야 진정한 가치를 가질 수 있다는 의미다.

* 지산지소의 한계를 비판하는 또 다른 시각

"지방창생의 성공 열쇠는 3가지다.

첫 번째는 일반적으로 잘 알려진 '지산지소'로서 지역에서 생산된 것을 지역에서 소비한다는 원칙이다. 소비자는 지산지소를 통해 가깝고 친근한 장소에서 신선하고 싼 농산물을 살 수 있고 생산자는 유통경비가 들지 않으므로 수입이 증가하고 소규모라도 판매할 수 있다는 점이 장점이다.

그러나 지방창생의 지속성이라는 필요를 고려한다면 지산지소의 '소(消, 소비)'를 넘어선 가치로 이어져야 한다. 지산지소는 1차 산업(농업, 임업, 어업 등)에 특화된 사고방식이기 때문에 2차 산업(제조업), 3차 산업(서비스, 판매업) 그리고 1×2×3차 산업인 6차 산업을 포함하지 못하는 것이 한계다.

물론 지산지소라는 말이 처음 생겼을 때에는 6차 산업이라는 말도 존재하지 않았다. 그래서 지역 주민의 지역 주민에 대한 판매만 고려한 한계가 있는 것이다.[149]

두 번째 지산지상(商)은 지산지소에서 다루지 않는 '외부인에 대한 판매'를 중시하는 가치다. 지역의 산물을 어떻게 할까가 아니라 세상에 가치를 제공하기 위해 지역의 것으로 어떤 판매가 가능한가를 궁리하는 것이다.

---

149) 일본에서 지산지소라는 말이 등장한 것은 1981년이다. 본격적인 움직임은 1980년대 후반부터 1990년대 초반 사이에 시장 개방과 엔고(円高) 현상으로 수입 농산물이 쏟아지기 시작하면서 확대되었다. 특히 중국산 농산물의 안전성 문제가 불거지며 '비싸지만 안전한 국산 안심 농산물'을 지역에서 소비하자는 목소리에 힘이 실렸다. 지산지소 운동은 2010년 또 다른 전기를 맞는다. 「지역 자원을 활용한 농림어업자 등에 의한 신사업 창출 및 지역 농림수산물의 이용 촉진에 관한 법률(일명 6차산업법)」이 제정되며 지산지소 운동에 대한 정책 지원의 토대가 마련된 것이다("일본의 '지산지소 운동'". 농민신문. 2020.09.23.).

기존의 지방의 큰 수입원이던 기업 연수 관광 모델은 연수-관광-온천-연회-2차 모임-다음날 기념품으로 구성되었지만 이제는 쇠퇴했다.

지금은 물건이 아니라 경험 소비가 중요한 시대다. 단순한 경험 소비 뿐만 아니라 경험자의 감동까지 고려해야 한다. 따라서 판매를 신중히 궁리한다면 그 타겟은 외국인 관광객, 인바운드 대상 사업과 액티브 시니어(active senior) 사업일 것이다.

세 번째 지산지승(承)은 지역의 사업을 계승해야 한다는 의미다. 수입이 늘어도 계승자가 없어서 폐업하는 지역 사업이 많은 현실에서 미래 인재 확보의 중요성을 강조한 것이다.

큰 쇼핑몰 생겨서 작은 가게가 망한다고 말하는 것은 20년 전의 일이다. 지금 작은 가게가 폐점하는 큰 이유는 후계자 부족 때문이다. 한편 후계자 부족은 거꾸로 하면 '리스크가 적은 창업 기회'이기도 하다. 작은 가게라도 단골은 꾸준히 있었고 설비도 이미 갖춰진 상태이기 때문이다.

이 3개의 가치를 연장하면서 '사회문제 해결 비즈니스'와 '감동 창조 비즈니스' 융합을 모색하는 것도 중요하다.

사회과제 해결 비즈니스는 '불편', '불만', '부족', '불안'이라는 세상에 있는 많은 부(不)를 해결하는 비즈니스로서 공공 인프라, 교통, 의료, 요양, 교육 등의 분야에서 기회를 발견할 수 있다.

감동 창조 비즈니스는 '재미있다', '감동이다', '두근두근 거림'을 제공하는 비즈니스로써 관광, 외식 산업, 엔터테인먼트 사업 등이 이에 해당한다.

이 두 가지 비즈니스를 융합하면 '나만의 고유한 비즈니스 모델'을 만들 수 있다."

* 출처: 中川直洋. 2023. 『地方起業の教科書』. あき出版: 26~27, 47.

한편, 지역의 자본과 주체 활동의 순환 구조는 다음의 그림처럼 구성될 수도 있다. 실제로는 화살표 한 개도 서로를 잇기 어려운 고립구조이지만 모든 것이 연결되어 유동성을 형성해야 하고 가급적이면 앙상한 화살표가 아니라 두터운 상호 화살표가 되어 다양한 부가가치를 만들 수 있어야 한다. 또한 돈의 흐름이 부가가치를 형성하는 것처럼 사람의 흐름도 부가가치를 만들 수 있다는 관점이 보완되어야 한다.

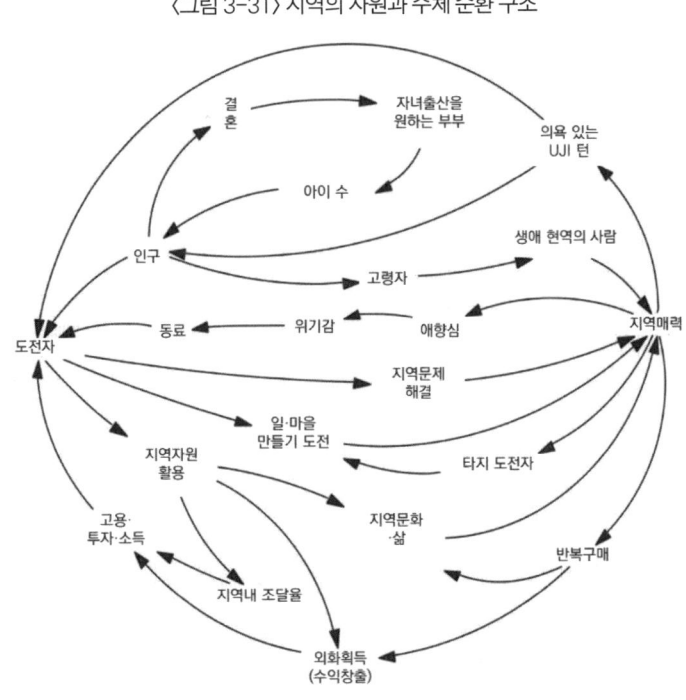

〈그림 3-31〉 지역의 자원과 주체 순환 구조

* 출처: https://note.com/ama_holdings/n/n347abc684a33

2. 지역 기본권은 무엇인가

이 책의 주제는 '기업의 활동은 경제적 영역에 한정되지 않는다, 사회적 영역을 넘어 지역 전체에 까지 영향을 미친다, 혹은 영향을 미칠 수밖에 없다'이다. 자본주의 사회에서 수요와 공급, 생산과 소비가 진행되긴 하지만 극심한 위기가 반복되는 상황에서 국가, 기업, 시민사회의 활동은 이제 그 어떤 것 하나로도 분리되어 구분하기 어려운 융합적 환경이 되고 있기 때문이다.

복합성 외에 기업 활동이 유념해야 할 부분이 또 하나가 있다. 사실은 이게 핵심이다. 기업의 존재가치에 대한 많은 평가가 있지만 이 모든 사회적 활동이 왜 진행되어야 하는가에 대한 답이기도 하다.

그건 사람이 사람답게 살기 위해서다. 이런 식의 주장이라면 법적 권리에 대한 것인가라고 추측할지 모르겠는데 그 법적 권리라는 것이 간단치 않다. 지역 환경에서 보면 어디서든 누구든 평균 이상의 삶을 살기 위해서는 무려 8개 분야의 20개 권리가 적어도 51점은 되어야 한다.

물론 이런 기준으로 보면 전 세계 어디든 51점 이상되는 곳은 없다. 그렇다고 절망할 필요는 없다. 51점 이상의 성적표를 못받더라도 적어도 더 점수를 받으려는 노력만 있어도 괜찮은 지역이다.

앞으로는 기업의 상행위와 정부의 공공활동, 시민사회의 사회활동이 더욱 촘촘하게 맞물려 돌아갈 것이다. 그런 상태에서 어떤 주체가 무엇을 하든 "왜 해야 하는가"에 대한 상식적인 수준에서의 답을 제기해야 무엇이든 진행할 수 있다.

〈표 3-7〉 구현 목표로서의 기본권 8+20

대분류	중분류	내용
생존권	① 생존권	공기, 수질, 탄소제로, 기본 인프라
	② 안전권	치안, 소방
건강권	③ 건강권	병원, 응급시설, 방문보건
	④ 치유/회복권	힐링시설, 헬스케어, 생활체육
주거권	⑤ 영구주거권	주택, CCRC
	⑥ 한시적 체류권	관계안내소, 호퍼하우징, 두 거점 거주
이동권	⑦ 근거리/인접 이동권	자동차 도로, BRT, 공영/공유/주문형 모빌리티, 주차장
	⑧ 보행권	산책, 보행로
	⑨ 슬로(slow)이동권	자전거로
학습권	⑩ 학습권	기본교육, 학교교육
	⑪ 교양권	생애학습, 도서관, 시골유학, 지역학
문화권	⑫ 문화권	공연장, 전시장
	⑬ 교류권	제3의 장소, 커뮤니티
	⑭ 창작권	생활예술, 창작실
	⑮ 협업권	공동창작, 교류창작
노동권	⑯ 노동권	근로기회, 근로조건, (재)취업
	⑰ 생산권	창업, 제조, 수평경제, 순환경제
	⑱ 소비권	상점, 상가, 이동슈퍼(푸드사막)
참여권	⑲ 참여권	투표, 추첨, 예산, 읍면동 자치, 미시 정치
	⑳ 알권리	정보공개, 정보공유, 데이터, 미디어

* 출처: 저자 작성

아마도 이런 기본권은 세부적인 수준으로 가면 더 자세한 내용으로 채워질 것이다. 그럼에도 불구하고, 현재 진행되는 기업의 지역 투자, 지역의 벤처 창업, 정부의 지역 지원에서는 이러한 기본권 구현이라는 점을 찾아보기 어렵다.

뭔가 새로운 것을 진행할 때 거대한 명분이나 어려운 기술용어, 높은 수준의 추상적 가치를 제시하는 것은 과거 시대의 패러다임이다. 먹고 살기 바쁘니까 전문가들이 알아서 하는 것이고, 먹고 살 게 없으니 빨리 빨리 만들어서 일단 배부르게 먹고, 경쟁이 가혹해도 참고 좀 견디자는 식의 시대의 이야기인 것이다.

그러나 지금의 시대는 모든 것이 '납득'되어야 정당해지는 정당성과 앞으로의 위기에 대한 대응력 즉, 지속가능성을 고려해야 하는 시대이다. 그런 차원에서 로컬벤처의 존재가치 혹은 기업의 경제적·사회적·지역적 가치 구현은 오롯이 사람의 기본권 구현이라는 기본 가치에 충실해야 한다.

제15장

결론:
지금, 지역창업을 다시 생각한다

1. 성장 목표에 대한 성찰

어떤 창업자는 지역에서 창업하고 싶고, 정부는 지역창업을 지원하는 시대다. 이유는 많다. '지역에서 새로운 사업 기회를 발견'했거나 '지역이 소중하게 느껴졌다'거나 '지역에서 자기실현을 하고 싶어서'라거나 심지어 '지역을 사랑해서'라는 이유도 있다.

그들의 의지와 능력에 기대하며 정부의 지원을 통해 지역 활성화를 도모하고, 지역경제도 살리면서 인구 감소와 초고령화 문제도 해결하고자 하는 움직임이 어느 시기엔가부터 고착되었다.

그런 지금, 지역창업을 다시 생각해본다. 이 책의 서두에는 감히 제3의 창업시대가 진행되고 있다고 진단했으나 현상이 시작된다는 것과 현실이 무르익으며 발전한다는 것은 별개의 문제다. 그런 의미에서 제3

의 창업시대라는 것은 단언이나 선언이 아니라 일종의 시대 흐름에 대한 분석이기도 하다.

분석에도 불구하고, 여전히 인구 10만 명도 안되는 지역에서 사회적 기업, 소셜벤처, 로컬벤처, 마을기업 등이 법적 기반도 튼튼히 갖춰지지 못한 채 악전고투하고 있다. 한시적 정부지원금을 받아 단기간에 성과를 내는 기업도 있지만 대부분은 소리소문없이 사라지기도 한다.

국비든 지방비든 외부의 지원금이 아닌 자체적인 민간 펀드(혹은 민관 펀드)로써 로컬 임팩트 펀드는 손에 꼽을 정도로 부족하다. 그 와중에 '성공하려면 더 많은 매출이 답'이라며 눈에 보이지 않는 유니콘을 기업 형태로 개념화시킨다.

과연 돈을 많이 벌기 위해서만 살아야 하는 것인가. 누구와 어디에서 어떻게 벌어서 얼마나 써야 하는가는 왜 이야기하지 않는가. 자본주의의 성공이 인간의 성공이기 때문인가. 그렇게 단언할 수 있는 문제일까.

2. 6각형 지역

인터넷의 등장과 IT 발전 그리고 실리콘밸리의 창업 신화가 벤처 붐을 폭발시켰다. 그러나 이내 닷컴 버블(.com bubble)의 광풍이 불어 요란한 경제위기가 발생했다. 최근에는 이와 유사하게 AI 버블이 나타날 수 있다는 경고가 있기도 했다.[150]

생산성 향상과 자본 증식이 목표인 자본주의의 본질 속에서 금융자본주의와 유통자본주의만 앙상하게 진행되는 형국이다. 누구의 생산성인가, 누구의 자본증식인가를 꼼꼼히 따져봐야 한다.

그 대안으로서 이 책에서는 지브라 개념을 소개했다. 굳이 로컬벤처를 지브라 기업이라고 부를 필요는 없지만 적어도 기업의 존재가치에 대한 다면적 분석은 필요하다고 생각했기 때문이다.

유니콘은 나쁘고 지브라는 옳다는 식으로 어느 한쪽 개념을 무조건 지지하기보다는 이 두 유형이 강조하는 가치, 가치가 구현되는 현실 구조에 주목하고자 했다. 기업의 가치와 성장전략이 다양해지는 상황에서 적어도 선택지는 열려 있는 것이란 걸 논하고자 했다.

또한 지브라 개념을 받아들여 지역에 적용한 일본 정부의 로컬·지브라 실증사업 사례도 살펴보았다. 일본이 하니 우리도 하자는 것이 아니라 지역 사업의 방향과 접근방법 그리고 사업의 정당성에 대해 다시 한번 단계적으로 잘 살펴보자는 의미로 일본 사례들을 분석했다.

---

150) 제레미 그랜섬 "미국 증시, 대폭락 임박… AI 버블 위험".(이코노미스트 2025.02.28)

그 결과 인구 감소, 쇠퇴 지역 증가라는 절박한 현실에서 기업, 사회 활동, 정부 사업이 의미를 갖기 위해서는 현장 사정에 적합한 효과를 보여야 하며 이는 단기 성과와 장기적 성과, 양적 성과와 질적 성과를 아우르는 성과 프레임으로 구성해야 한다는 분석을 제기했다.

어떤 평가든 현장에서 진행된 과정을 누락시키지 않아야 하고, 지역 내외의 참여 주체들의 경험치를 포함해야 하고, 미래를 위한 자산으로서의 평가뿐만 아니라 현재의 실효성과 효능감을 높이기 위한 평가여야 의미 있다는 사실을 강조했다.

특히 제3부에서는 국내외 사례를 참조하여 로컬벤처 활성화 및 지역 발전을 위한 6가지 핵심 요소를 소개했다. 이른바 6각형 인재처럼 6각형 로컬벤처 전략이 수립되어야 기업과 지역 모두 잘 살 수 있고 그게 기본권 구현으로 완성되는 지역의 모습이라고 설명했다.

로컬 임팩트 주체, 가치, 경영, 자본, 규칙과 제도, 그리고 성과평가에 대한 고려가 다각적으로 이루어져야 사람이 가치를 제시하고 실천하며, 자본순환 방식을 고민하며 규칙을 만들고 그 모든 것을 제대로 평가하는 진정한 생태계를 이룰 수 있다.

화학·커뮤니케이션 연구자 이덕환 교수는 생태계(eco-system) 조성 만능주의를 비판하면서 생태계가 본래적으로 갖고 있는 다양한 개체의 먹이 활동과 번식 활동, 그 과정을 통해 이루어지는 물질과 에너지 순환, 그 결과 나타나는 무생물적 자연환경과 생물적 생태환경 조화에 주목해야 한다고 주장한다.

다양성과 복잡성에 대한 고려 없이 생태계 조성에 대한 과도한 환상에 빠진다면 약육강식과 적자생존 등 또 다른 특징을 가진 재앙적 생태계에 직면할 것이라고 경고한다. 자율과 공정원칙을 확실하게 지키지 못하면 생태계 조성 정책은 실패할 수밖에 없으므로 인간에 대한 애정이 넘치는 따뜻한 생태계를 만들어야 한다고 주장한다.[151]

(본 적은 없지만) 사람들은 유니콘이 백색의 뿔달린 말과 같은 형상이라고 상상한다. 그러나 지역 현실은 백색이 아닐뿐더러 얼룩말의 무늬보다 더 여러 가지 색으로 다양하게 나타날 수 있다.

---

151) "이덕환의 과학세상, 생태계 조성." (디지털타임즈 2015.11.30)

3. 기업의 존재가치와 인간의 기본권

　이 책에서 제시한 기업의 경제성, 사회성, 지역성은 순차적으로 구현할 수 있는 가치가 아니다. 즉, 벌만큼 벌어서(경제성) 사회적으로 좋은 일을 하고(사회성) 지역에도 기여한다(지역성)는 시혜적 입장으로는 죽어도 현실화되기 어렵고 바람직한 접근법도 아니다.

　언제나 경제는 위기일 테고, 기업은 언제나 돈 벌기 힘들다고 하기 때문에 그런 관점에서 보면 사회적 좋은 일이나 지역의 기여는 영원히 후순위로 남을 것이기 때문이다.

　또한 누가 누구에게 잘 보이기 위한 평가, 누가 누구보다 잘 났다는 것을 뽐내기 위한 평가는 공허하고 의미 없다. 조금이라도 더 많은 사람에게 이익이 되는 지표가 필요하다. 따라서 좀 더 꼼꼼하게 이정표를 구성할 수 있는 로컬 임팩트를 중심으로 지역 창업의 의미를 잘 보듬어야 한다.

　어떤 기업이 되고 싶은가, 어떤 기업이 되었는가는 무수한 선택, 우연, 필연의 교차로 형성된다. 과연 선택지라는 것이 있을까 싶은 요란한 시대가 지나고 있다. 성공은 성공대로 중요한 것이지만 우리는 함께 살고 있으므로 잘 벌고 함께 가는 선택을 해야 한다는 것은 상식이다. 잘 버는 기업의 문제와 함께 가는 기업의 문제를 동시에 고려해야 한다는 의미다. 여기에 금상첨화로 모든 주체의 기본권을 능동적으로 고려한다면 지금보다는 나은 지역의 모습이 갖춰질 것이다.

참고자료

Aileen, Lee. 2013.11.02. "Welcome To The Unicorn Club: Learning from Billion-Dollar Startups." *TechCrunch*.(https://tinyurl.com/2domn8hh)

Bill Clark. 2025.05.27. "Unicorn vs Zebra Companies: Fad or Here to Stay?."(https://microventures.com/unicorn-vs-zebra-company)

Lazarow, Alex. 2020.10.16. "Startups, It's Time to Think Like Camels—Not Unicorns." *Harvard Business Review*.(https://tinyurl.com/283ctk5f)

Zebras Unite. 2023.03.07. "The Future We Co-Create, mperfectly."(https://tinyurl.com/28mvfkl7)

Zebras Unite. 2023.08.01. "Zebra Companies Become Key Component of Japan's Economic Policy."(https://tinyurl.com/22hfvj53)

Zebras Unite. 2023.01.26. "Succession: Zebra Style."(https://tinyurl.com/2bee9j4l)

Zebras Unite. 2022.12.07. "Dystopia or Dazzle: The Choice is Ours."(https://tinyurl.com/2fztpgfw)

Zebras Unite. 2022.09.06. "Zebras that Dazzle: How Evgeni and his Berlin chapter are creating a dazzling future for Zebras in Europe."(https://tinyurl.com/26mmbmds)

Zebras Unite. 2022.07.14. "Zebras that Dazzle: How Yoshi and his team grew the Zebra movement in Japan."(https://tinyurl.com/2ao2yuaf)

Zebras Unite. 2021.03.05. "Indies are Everywhere."(https://tinyurl.com/2yrhbemw)

Zebras Unite. 2021.02.16. "Labor & Delivery: Birthing the New Economy."(https://tinyurl.com/2xz3md4x)

Zebras Unite. 2020.07.31. "Pivot to People: It's Time to Build the New Economy."(https://tinyurl.com/2ccyqj9d)

Zebras Unite. 2020.02.18. "New Stripes for Zebras Unite."(https://tinyurl.com/27bsq4tj)

Zebras Unite. 2019.11.06. "Meetup to the People: How a Zebra could Rise from a Unicorn's Fall."(https://tinyurl.com/26u4yzkd)

Zebras Unite. 2018.07.25. "Zebras Build the Future."(https://tinyurl.com/2xq64vwp)

Zebras Unite. 2018.02.14. "Zebras Unite To Fix What Unicorns Broke."(https://tinyurl.com/2767teef)

Zebras Unite. 2017.07.12. "Zebras: Let's Get In Formation."(https://tinyurl.com/22jajsyd)

Zebras Unite. 2017.03.08. "Zebras Fix What Unicorns Break : Magical thinking drives the startup economy but we need a strong dose of reality."(https://tinyurl.com/27ccdte5)

Zebras Unite. 2016.02.17. "Sex & Startups."(https://tinyurl.com/2b2mgvzo)

加藤景司 (가토 게이지). 2013.『意欲のある人求めますただし60歳以上: 日本一の高齢者雇用企業・加藤製作所躍進の秘密』. PHP研究所(이수경 역. 2014.『60세 이상만 고용합니다: 노인 고용 기업 가토 제작소의 착한 노동 프로젝트』. 북카라반).

閣議決定 (각의결정). 2023.06.16.「経済財政運営と改革の基本方針2023について」.

小林重敬 (고바야시 시게노리)・森記念財団. 2020.『エリアマネジメント 効果と財源』. 学芸出版社(이삼수・윤장식・송준환 역. 2023.『지역 매니지먼트 효과와 재원』. 미세움).

小林重敬 (고바야시 시게노리)・森記念財団. 2018.『まちの価値を高めるエリアマネジメント』. 学芸出版社(이삼수・윤장식・송준환 역. 2021.『도시의 가치를 높이는 지역 매니지먼트』. 미세움).

中川直洋 (나카가와 나오히로). 2023.『地方起業の教科書』. あさ出版.

内閣官房 (내각관방). 2024.06.21.「新しい資本主義のグランドデザイン及び実行計画2024年改訂版」.

内閣官房 (내각관방). 2023.06.16.「新しい資本主義のグランドデザイン及び実行計画」.

内閣府 (내각부). 2024.06.10.「地方創生 10 年の取組と今後の推進方向」.

東シナ海の小さな島ブランド株式会社. 2025.「2019~2024 鹿児島離島文化経済圏インパクトレポート」.

松永安光 (마스나가 야스미츠)·德田光弘 (도쿠다 미츠히로). 2007.『地域づくりの新潮流: スローシティ/アグリツーリズモ/ネットワーク』. 彰国社 (온영태·염철호 역. 2008.『지역 만들기의 신조류: 슬로우 시티, 아그리투리즈모, 네트워크』. 기문당).

牧大介 (마키 다이스케). 2018.『ローカル ベンチャー: 地域にはビジネスの可能性があふれている』. 木楽舎 (윤정구·조희정 역. 2021.『창업의 진화: 로컬벤처와 지역재생』. 더가능연구소).

指出一正 (사시데 가즈마사). 2024.『オン・ザ・ロード: 二拠点思考』. ソトコト・ネットワーク (박우현 역. 2025.『온 더 로드』. 이숲).

アミタ持続可能経済研究所 (아미타지속가능경제연구소). 2010.『地域ビジネス起業の教科書: 地域で働きたい人がはじめに讀む本』. 幻冬舎. メディアコンサルティング (김해창 역. 2011.『아이디어 하나가 지역경제를 살린다: 커뮤니티 비즈니스 창업 교과서』. 생각비행).

柳原秀哉 (야나기하라 히데야). 2021.『南小国町の奇跡: 稼げる町になるために大切なこと』. CCCメディアハウス (윤정구·조희정 역. 2023.『돈 버는 로컬: DMO 지역관광마케팅』. 더가능연구소.)

枝廣淳子 (에다히로 준코). 2021.『好循環のまちづくり!』. 岩波新書 (윤정구·조희정 역. 2024.『로컬 전략: 백캐스팅으로 만드는 마을의 미래』. 더가능연구소).

オーニー・パットン・パワー (오니 패톤 파워). 月谷真紀 역. 2024.『ファイナンスをめぐる冒険: 一組織のパーパスに適した資金調達はどうすればできるのか』. 英治出版.

橫石知二 (요코이시 토모지). 2009.『生涯現役社会のつくり方』. SBクリエイティブ (강지운 역. 2009.『기적의 나뭇잎, 이로도리』. 황소걸음).

伊奈友子 (이나 토모코). 2025.02.「ローカル・ゼブラ企業政策について」.

一般社団法人リリース (일반사단법인 리리스). 2025.「Impact Report: 令和6年度「地域の社会課題解決企業支援のためのエコシステム構築実証事業(地域実証事業)」」.

中小企業庁 (중소기업청). 2024.09.30.「ゼブラ企業の創出・育成に向けて」.

中小企業庁 (중소기업청). 2024.09.02 .「地域の社会課題解決企業支援のためのエコシステム構築実証事業(地域実証事業)の採択事業の事業内容について」.

中小企業庁 (중소기업청). 2024.06.11. 「地域の社会課題解決企業支援のためのエコシステム構築実証事業(地域実証事業)の採択事業を決定しました」.

中小企業庁 (중소기업청). 2024.03.01.「地域課題解決事業推進に向けた基本指針」.

中小企業庁 (중소기업청). 2024.03.「地域の課題を成長の原動力に： ローカル・ゼブラを志す方へのメッセージ」.

中小企業庁 (중소기업청). 2023.06.23. 「地域・企業共生型ビジネス導入・創業促進事業補助金に係る補助事業者の採択結果について」.

中小企業庁 (중소기업청). 2023.「2023年度版 中小企業施策利用ガイドブック」.

株式会社野沢温泉企画(주식회사 노자와 온천기획). 2025.「Impact Report: 令和6年度 「地域の社会課題解決企業支援のためのエコシステム構築実証事業(地域実証事業)」」.

株式会社 離島キッチン (주식회사 릿토 키친). 2025.「令和6年度「地域の社会課題解決企業支援のためのエコシステム構築実証事業(地域実証事業): インパクトレポート」.

株式会社まちから(주식회사 마치카라). 2025.「まちから 2019-24 Impact Report」.

株式会社 御祓川. 2025.「令和6年度「地域の社会課題解決企業支援のためのエコシステム構築実証事業(地域実証事業): インパクトレポート」.

株式会社青空 (주식회사 아오조라). 2025.「インパクトレポート」.

株式会社 Wasshoi Lab (주식회사 와쇼이랩). 2025.「どんなライフステージでも女性が輝ける地域−宮城− を目指して Impact Report 2024~25」.

株式会社 うむさんラボ (주식회사 우무상랩). 2025.「2024-2025 インパクトレポート」.

株式会社 石見銀山生活観光研究所 (주식회사 이와미긴잔 생활관광연구소)・株式会社ＷＡＴＯＷＡ(주식회사 와토와). 2025.「インパクトレポート」.

株式会社 zero to one (주식회사 제로투원). 2025. 「令和6年度「地域の社会課題解決企業支援のためのエコシステム構築実証事業(地域実証事業) インパクトレポート」.

株式会社 TeaRoom (주식회사 티룸)・株式会社静岡銀行・株式会社静岡茶市場・株式会社THE CRAFT FARM・合同会社シッカイヤ・一般財団法人静岡経済研究所. 2025.02.28. 「Impact Report: 令和6年度「地域の社会課題解決企業支援のためのエコシステム構築実証事業(地域実証事業)」」.

時代おくれ (三豊). 2025. 「Impact Report 2024」.

千年建設 株式会社(치토세건설주식회사). 2025. 「令和6年度「地域の社会課題解決企業支援のためのエコシステム構築実証事業(地域実証事業) インパクトレポート」.

十勝うら ほろ樂舎(토카치우라시호로라쿠샤). 2025. 「Impact Report: 令和6年度「地域の社会課題解決企業支援のためのエコシステム構築実証事業(地域実証事業)」」.

古田秘馬 (후루다 히마). 2021. 「コンセプトから地域を作る」.

ETIC. 2020. 「Local Venture Initiative Databook 2015.09~2020.10」.

PwCコン サルティング合同会社. 2025.03a. 「令和６年度 地域の社会課題解決企業支援のためのエコシステム構築実証事業(地域実証支援を通じたエコシステム調査事業)事業成果報告書」.

PwCコン サルティング合同会社. 2025.03b. 「地域の社会課題解決事業推進のためのインパクト測定・マネジメントツール」.

Social and Sustainable business standard. 2025. 「IMPACT REPORT 2024~2025」.

Zebras and Company. 2025.04.08. Impact Journey Report 2021~2023 ver. 1.0. (https://tinyurl.com/2yt32j72)

Zebra & Company. 2024.11.18. "ローカルゼブラ企業とファイナンス." 国土審議会 地域生活圏専門委員会 地域経済WG 발표문.

고쿠보 아키코・배득종. 2018. "마을기업에서 혁신적 지역 리더의 역할: 일본 이로도리 주식회사의 사례를 중심으로." 「지방행정연구」 32(1): 191~214.

관계부처합동. 2023.8.31.「지역 활성화 투자 펀드 운영방안 후속 조치 주요내용」.
관계부처합동. 2023.7.12.「지방자치단체와 민간이 주도하는 지역 활성화 투자 펀드 운영방안」.
김선희. 2020. "일본 오키군 아마쵸의 지역 활성화 사례 고찰."「일본사상」Vol. 39: 133~158.
김혜숙. 2020. "과소지역의 고령자 대책: 가미카쓰정의 생애현역 일자리 창출 마을 만들기 사례."「일본학보」Vol. 123: 233~263.
더가능연구소. 2023.「거제 지역기금사례 연구」. 공유를 위한 창조.
류석진·조희정. 2021. "고향납세 제도 도입 논의와 과제: 통합적 지역재생관점을 중심으로."「지역과 정치」4(2): 41~77.
류석진·조희정·김용복. 2020. "지역재생 관점의 로컬 커먼즈 구현 가능성 연구: 로컬 자원과 자산화 사례를 중심으로."『현대정치연구』13(2): 43~76.
송인방·조희정·박상혁. 2022.『제3의 창업시대: 로컬·청년·사회』. 더가능연구소.
신순호·박성현. 2012. "도서 지역의 산업 활성화를 위한 지방자치단체의 역할: 일본 시마네현 오키군 아마쵸의 사례를 중심으로."「도서문화」Vol. 39: 267~300.
이동훈. 2023. "일본의 크라우드펀딩을 활용한 마을 만들기 사업: 민간도시개발 추진기구(MINTO)의 마을 만들기 펀드 지원 사례를 중심으로." KIEAE Journal」23(4): 51~57.
이시재. 2008. "일본 산촌 지역 활성화 연구: 토쿠시마현 카미카츠정의 ㈜이로도리 사례를 중심으로."「한국민속학」Vol. 48: 71~108.
이효섭. 2023.10.24. "해외 민관협력 개발사업(PPP) 현황과 지역 활성화 투자 펀드의 도입 의의." 한국지방재정학회·한국지역개발학회·한국행정학회·한국지방행정연구원·자본시장연구원 공동학술세미나 '지역 활성화 투자 펀드' 발표문.
조승현. 2023.「크라우드펀딩과 고향사랑기부제 연계방안」. 인천연구원.
조희정. 2020. "지역재생정책 제도와 현실: 현장 중심 조직의 필요성을 중심으로."「시민정치연구」제1호: 3~32.

조희정·이영재·김영완. 2025. 『관계인구를 만드는 N개의 방법: 사람·조직·자본·공간·목표의 연결을 위하여』. 더가능연구소.

최예술·조은주·정우성. 2022. 「지방중소도시의 활력 증진을 위한 청년 로컬 창업] 지원 방안 연구」. 국토연구원.

행정안전부 보도자료. 2024.4.22. "지역사회문제, 지자체와 지역금융이 힘을 합쳐 함께 헤쳐나간다!"

행정안전부 보도자료. 2024.3.26. "「지역활성화 투자 펀드」 출범, 지자체·민간 주도의 지역개발 박차."

행정안전부 보도자료. 2024.2.29. "지역 창업·벤처 기업과 대한민국 균형발전 방안 모색."

행정안전부 보도자료. 2024.1.9. "지방자치단체, 지방소멸대응 위해 지역활성화 투자 펀드에 출자 가능해진다."

지브라와 유니콘 - 기업의 경제, 사회, 지역 가치

초판 인쇄 | 2025년 12월 20일
초판 발행 | 2025년 12월 20일
저자 | 조희정·송인방·박상혁

발행인 | 서복경
펴낸곳 | 더가능연구소
판매처 | 이숲

주소 | 04071 서울특별시 마포구 성지길 36-12, 2층 (합정동, 꾸머빌딩)
전화 | (02)336-4050
팩스 | (02)336-4055
이메일 | book@theposslab.kr
인스타그램 | @poss_lab

표지 디자인 | 이상용
제작 | 이숲

ISBN 979-11-995899-0-2 93320
※ 값은 뒤표지에 표시되어 있습니다.
※ 잘못된 책은 구입처에서 교환해 드립니다.